JN068795

自立のともしび本

こころ耐震補強工事中！

著者　杉山雅宏

発行　悠々舎出版
発売　そらの子出

はじめに

　私は今までカウンセラーとして、不登校のお子様がいる多くのご家族の方々からお話を聴かせていただきました。

　ご家族の方は、一生懸命に子育てに向き合っていました。ですから、子どもが不登校になったのは、ご家族の方が悪いと思ったことなど一度もありません。ご家族の方は、お子様のために愛情をいっぱい注ぎ、精一杯子育てに向き合っています。とても立派なことだと思います。

　もしかしたら、ご家族の方がありのままの自分、ありのままのお子様のことを受け容れることができなかっただけなのかも…。お子様のタイプの違いや様々な相性があることに気が付かず、ご自身のお考えや価値観を子どもに無意識に押し付けてしまっていたのかもしれません。

　そのために、頑張ってきたことが、逆効果となってしまい、親子ともども苦しくなってしまったのかもしれません。これは、お子様のタイプの違いや適切なかかわり方を知らなかっただけなのですから、決してご家族の方が悪かったということではないと思います。

親自身が「ありのままを受け入れられること」そして、お子様も「頑張ってきた自分を自分でねぎらい、自分を許せる」ときに、こころの耐震補強工事が終わり、こころにエネルギーが溜まることによって生きる力を取り戻すのです。

この本では、その段階の見極め方、その際のかかわり方についてわかりやすく解説させていただきました。まずは、ご家族の方が「いいとか悪いとかいう判断基準」を手放してみてください。そして、ご自身の頑張りを認め、ねぎらい、受容していくことで、お子様の状況を受け入れることができるようになるのです。

お子様の状態が、ご家族の状態が、そして何よりも、あなたご自身がより幸せを感じる方向に向かうことこそ、不登校解決への道であると思います。

杉山雅宏

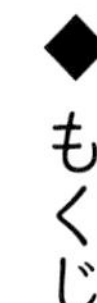

もくじ

第二部　親がまず、自分自身に問いかけてみましょう

第三部　不登校解決までのステップ

第四部　不登校に向き合うためのポイント

第五部　不登校の子どもに安心感を与えるために

序章

1. 普段からこんなことをしていませんか？

子どもが突然「学校に行きたくない」と言い出したら、ほとんどの親は驚いてしまいます。「なんでうちの子が？」という疑問が沸き起こり、「親としてどうにかしてあげたい」「早く学校に行かせてあげたい」と焦ってしまうことでしょう。しかし、それは本当に子どものためなのでしょうか？

親の何気ない発言や行動が、知らず知らずのうちに子どもにプレッシャーを与えている可能性があります。たとえ、それが子どものためを思っての言動だとしてもです。

子どもにとって親は、一番の味方であり理解者であってほしい存在です。子どもの気持ちに寄り添うためにも、まずは自分自身を見つめなおしてみましょう。

子どもに「学校に行きたくない」と打ち明けられたら、親は「なぜ？」「どうして？」と思いますよね。

「友だち関係がうまくいってないのではないか？」「勉強についていけないのではないか？」「いじめられているのではないか？」など、これらは親としてひじょうに気になるところです。

しかし、その理由や原因を知るために、子どもに「なんで学校に行かないの？」と問いかけるのはＮＧです。

子どもが不登校になる理由は、一つではありません。たいていの場合、いくつもの理由が複雑に絡み合っているものです。そのため、子ども本人も学校に行きたくない理由がよくわからず、なんと答えてよいのか困っています。

大人でも仕事に行きたくないという日がありますよね？ 上司が嫌だ、同僚と気が合わない、疲れが溜まっているなど、様々な理由があるはずです。

ときには、なんとなく会社に行きたくないと思う日もあるのではないでしょうか。そんな時に人から「なぜ？」と聞かれたら、あなたはその理由を答えられますか？

自分でも何となくの部分がはっきりと分からないのに、言葉にして説明するのは簡単なことではありません。それにもかかわらず「なんで学校に行かないの？」と原因を追究されれば、子どもは辛い思いをするだけです。

子どもはすでに学校に行けなくなるほど苦しんでいます。学校のことを考えたくないほど疲れているのです。そこで、さらに問い詰められると、学校にも家の中にも居場所がなくなってしまいます。

このとき大切なのは、子どもの理解者になれるかどうかです。困ったことが起きたときに、親は子どもにとって頼れる存在になれるのか、子どもの味方になれるのかを試されるのです。

原因を追究した時点で、子どもの理解者にはなれません。ですから、子どもから学校に行きたくないと言われたら、「なぜ？」と聞くのではなく、「そうなんだ。学校に行きたくないんだね」と、素直に受けとめてあげてください。

2．子どもと自分を同じ人格だと思っていませんか？

子どもが不登校になり「自分の思い通りにならない」と嘆いていませんか？子どもが自分の思う通りにならないのは当然のことです。なぜなら、親と子どもは別人格だからです。たとえ容姿や性格が似ていたとしても、中身はまったく違います。しかし、ほとんどの親が別人格とはとらえていません。

もちろん、自分と似ているなと感じる部分があるのは、子どもが類似の遺伝子を引き継いでいるからです。ほとんどの場合、一緒に暮らしているわけですから、外見だけではなく生活習慣や価値観も似てきます。

誰でも子どもと自分に通ずる部分があれば、嬉しい気持ちや誇らしい気持ちになるのではないでしょうか。しかし、その気持ちが、子どもと自分自身を重ね合わせてしまう原因となってしまうのです。

わが子と自分を同一視した親は、無意識に自分の価値観を押し付けるようになります。「自分にもできるのだからこの子にもできるはず」と思い込んだり、「この子にはこうなってほしい」と願うあまり、子どもを自分の理想に当てはめようとするのです。そのため、子どもが失敗すれば「なんでこの子はできないの？」とがっかりし、子どもが異なる意見を言い出せば「それは違うのでは？」とイライラしてしまいます。

子どもが思い通りにならないと、親は「子どものために」と言いながら介入しようとします。

転ばぬ先の杖という言葉があるように、「こうしたほうがいいじゃない？」「こっちのほうがいいよ」という言葉で、自分たちの思い通りに子どもを誘導します。しかし、大抵の場合、親が介入した分だけ失敗するものです。介入すればするほど子どもは反発し、親は「こんなはずではなかった」と後悔することになります。

地面からひょっこり顔を出したタケノコを思い浮かべてみてください。地表に出てきたばかりのタケノコは、小さくても中身がぎっしり詰まっていますよね。

いずれ成長して立派な竹になりますが、タケノコの時点で竹になる要素はすべて入っているのです。人も同じではないでしょうか？

生まれたばかりの赤ちゃんは小さいけれど、そのまま成長して大人になる。ということは、赤ちゃんの中にもすでに大人がいるのだと私は考えています。ですから、親はそれを引き出してあげなければなりません。

そのためには、親と子どもは別人格であり、遺伝子も別ものと認識することが大切です。ひとりの人格として認めてあげないと、子ども自身の自立が遅れます。親がよかれと思ってあれこれ介入することで、結果的には子どもは自分で考えられなくなってしまうのです。

わが子と接するときは、他人の子であるととらえて、その中にある大人の人格に話しかけるように意識してみましょう。そうすれば、子どもは自信をもち、スムーズに自立できるようになります。

3. すぐに「わかった?」と聞いていませんか?

自分の言ったことが子どもに伝わっているのかと心配になり、「わかった?」と聞きたくなることがあると思います。しかし、わざわざ子どもに聞く必要はありません。

大人から「わかった?」と聞かれると、ほとんどの子どもは「わかった」と答えるものなのです。本当はピンときていなくても、面倒な話や興味のない話題を終わらせるために「わかった」と答えてしまうのです。

小学校でも「今日の授業はわかったかな?」と聞く教師がいます。すると、ほとんどの子どもが「は~い」と返事をします。理解できていない様子の子どもも同じで、「いいえ」と答える子どもはめったにいません。

また、子どもが何か悪いことをしたときには注意をしますが、最後に「わかった?」の言葉を付け加えることがあります。この場合も子どもが「わからない」

と答えることはほとんどないでしょう。

なぜなら「わかった？」の言葉に圧力を感じるからです。

「わかった？」の言葉には「ちゃんと伝えたのだから理解したはずだよね？」という強い圧力があるため、自分に投げかけられると、思わず「はい」と返してしまうのです。

しかし、納得できないのは、本人の表情を見れば、本当は明らかなはずです。それでも「わかった？」と聞いてしまうのは、そこで話題を終わらせたい大人の一方的な都合でしかないのです。ですから、正直に「わからない」「納得できない」と返されたら、きっと多くの人が困るか逆上してしまうと思います。

子どもに「わかった？」と返事を押しつけることはやめましょう。それよりも、「何に気が付いたの？」「どう感じた？」と問いかけるほうが、子どもが納得しますし、子ども自身が考えるようになります。このことは親自身が安心できるようになるためにも必要なことです。

4. 人と比較をしていませんか

自分の子どもと他の子どもを比べてしまう親の視点について考察してみましょう。

たとえば、「なんで学校に行かないの？（周りの子はちゃんと行っているのに）」「なんでこの子はできないの？（あの子はできるのに）」という具合に、私たちは無意識のうちにほかの誰かと比べてしまっています。みなさんの中にも心当たりのある人は多いのではないでしょうか？

また、周りの子どもだけではなく、きょうだい同士でも比べてしまう親がたくさんいます。一例をあげると、「お兄ちゃんはできたのに、どうしてあなたはできないの？」「お姉ちゃんより妹のほうがいい点数とったね」などの言葉で、きょうだいを比較してしまうのです。

親としては、「この子にもできるようになってほしい」という思いがあるのでしょうが、こう言われて「やってやろう」と思い奮起する子どもはほとんどいません。それどころか、比較されることで子どもは傷つきます。

「あの子のほうができる」と言われるたびに、「自分はダメなんだな」と感じて、どんどん自信を失っていきます。

ここで一度ゆっくり考えてみてください。

子どもと比べた相手は、すべてにおいて優れているでしょうか？　たとえば、いくら整理整頓が上手でも、ほかのことが苦手な子どももいます。その苦手な部分は、わが子のほうが得意な場合もあるわけです。

一つできないからダメだと思ってしまうのは、子どもを単眼で見ているからかもしれません。複眼で見るようにすると、子どものよいところがたくさんみつかります。複眼とは、一定方向だけではなく、様々な角度から子どもをみるということです。

わが子と他の子を比べていると、親自身も苦しくなります。それでは、お互いに追い詰められてしまうだけです。

ですから、もう人と比較することはやめましょう。その代わり、子ども自身を複眼でよく見てあげてください。子どもと向き合うことで、よいところはもちろん、その子の成長や頑張りにもきちんと気づいていけるはずです。

5．夫婦喧嘩を子どもに見せていませんか？

どの家庭でも夫婦喧嘩をすることがあると思います。しかし、夫婦喧嘩は二人の間の問題だけではありません。言い争っている姿を子どもに見せると、精神に大きな悪影響を子どもに与えてしまうので、注意が必要です。

「子どもと関係のない話題なら大丈夫だろう」と思うかもしれませんが、夫婦喧嘩を目の当たりにした子どもは、大人が考えるよりもはるかに深刻なダメージを受けます。たとえ喧嘩の話題が子どもとはまったく関係ないものだとしても、「自分のせいで喧嘩しているのでは？」と感じてしまうのです。

そうした状況が続くと、子どもは「自分が生まれたからだ」「自分がここにいるからだ」と思うようになり、〝自分は大切な存在ではない〟と、自己否定するようになります。

自己肯定感の低い子どもは、両親の喧嘩を見て育っている場合がほとんどです。夫婦喧嘩の影響は、これだけではありません。いがみ合っている両親を間近で見ているうちに、子どもが結婚に対してよくないイメージを抱く可能性があります。

「大人になっても幸せになれないんだ」と感じれば、将来、好きな人ができても結婚したいとは思わないでしょう。夫婦喧嘩は、そうした子どもの将来にも影響を与えてしまうのです。

両親の仲がよいことは、子どもにとって一番の幸せといっても過言ではありません。子どもに幸せになってほしいのであれば、子どもの前で夫婦喧嘩をすることは極力避けてくださいね。

第一部

親が子どものSOSを受けとめるために

1．学校に行けないことを認めるところからスタート

「学校に行ってほしい」という親の気持ちを子どもは理解しています。ですから、まずは「学校に行けないのを認めることからスタートしましょう」というように考えてみませんか。不登校は急になったと思っている人がいるかもしれませんが、実はそうではありません。

子どもは学校に長い間通っています。中学二年生で不登校になっていたなら、小学校の六年間と中学の一年間の合計七年間です。何年間、学校生活しているのか、わが子の年齢で計算してみてください。その積み重ねの中で、〝もう嫌だ〟が蓄積しています。不登校は学校生活の中の様々な〝もう嫌だ〟が複雑に絡み合っています。新しいところに行くのが〝もう嫌だ〟と言っているわけではありません。

ですから、行かないと言い出したときは、「もう一歩も進めない」というサイン

です。ここから、ぎゅっと絞ると、こじらせることになります。

ねじが閉まらないからドライバーでどんどん締め付ける。そうすると、ねじの穴の方が壊れてしまいます。ねじは交換可能でも、ねじ穴がつぶれてしまえば、二度とそこにねじを入れられなくなってしまいます。

それと同じように、締め付けるのは、再出発の手がかりを失わせてしまうので、やめた方がいいでしょう。

それよりも、学校に行きたくないような何かがあるということは、孤独感や疎外感を感じているはずです。心細い気持ちだから、ご両親のあたたかさを伝えたい。どんな時も、「あなたが大切だよ。親がついているから大丈夫」と伝えたいですね。

2. 子どもが私たちを〝親〟にしてくれる

子どもが「学校に行きたくない」というのは、ＳＯＳのサインです。もちろん、そのほかにも小さなＳＯＳをいくつも出しているのですが、保護者がそれをきちんと受け止められなければ、子どもはさらに深く傷ついてしまいます。

子どもの悩みや不安を見逃さなくて済むように、できることから少しずつ実践してみてください。

子どもが不登校になると、多くの親が、「子どもに対する愛情が足りなかったのではないか」「子どもとのかかわり方がいけなかったのかな」など、自分を責めてしまいます。

ときには、「これからどうしたらいいのだろう」と不安になり、泣きたくなることもあるかもしれません。

しかし、子どもが不登校になったからといって親が自分を責める必要はありません。

今まで、皆さんは子育てを一生懸命やってきましたよね。うまくいったことも、失敗したこともたくさんあるかもしれません。それでも必死に育児に取り組んできたはずです。何よりも、こういう書物を手に取って読もうとしている。これも子育てに関する立派な行動です。

子どもは自分を責めている親の姿をずっと見ています。親が苦しんでいる姿を見るのは、子どもにとってはとても辛いことです。そして、その苦痛により、子どもはさらに自分自身を責めるようになります。

「自分が学校に行かないせいで、親は苦しんでいるんだ」と思うと、子どもは家の中で窮屈さを感じ、さらに萎縮してしまいます。安らぎの場所であるはずの家にも居場所がなくなれば、子どもにとってこれ以上悲しいことはありません。

多くの人にとって、子どもを育てるという経験は初めてのことだと思います。誰もみな、どうやって親になるのかは、具体的に教わってきていません。かつては、祖父母との同居により学ぶ機会もありましたが、今はほとんどが核家族です。そのため、親としての在り方は子どもが生まれてから学ぶことになります。

不登校に向き合えるようになったお母さんがこんなことを言っていました。

「子どもの不登校にも意味があったと思います。子どもは私たちを親にするために、役を演じてくれていたんだと思いました」

また、「自分が今まで目に見えることだけで判断していたんだ」「こういうことがきっかけで学校に行かなくなるんだ」と、子どもが不登校になったことで、親としてたくさんのことに気づき、広い視野をもつことができるようになったと面接で語っていました。「親に迷惑をかける子どもの方がかえって親孝行ですよ」

子どもも親に困難な課題を与えてくれると受け止めてみてはいかがでしょうか。そのときは苦しくて大変な思いをしますが、「どうしたらいいのだろうか?」と悩みながらその課題を乗り越えるたびに、親は少しずつ成長していくのです。

子どもの不登校に直面して「育て方を間違えてしまった」などと、自分を責めるのはやめましょう。子育てに正解はありません。子どものよき理解者になれるように、課題を与えられるごとに一緒に成長していけばよいと思います。

3. 自分自身の感性を磨く

子どもが学校に行きたくないと言い出す前には、必ず予兆があります。どの子もいきなり不登校になるということはありません。

「食欲がない」「体調不良を訴える」「笑顔が少なくなる」など、子どもが見せる予兆は様々ですが、多くの場合は子どもの目を見れば何か様子が変だな、と気づくことができます。「目は口ほどにものを語る」というように、目には人の不安定な心理が顕著に表れるものです。

事前に様子がおかしいことに気づいていれば、子どもから「学校に行きたくない」と言われても、必要以上に驚くことはないでしょう。きっと、「そうだね。そういうときもあるよね」と、冷静に声をかけられるはずです。

しかし、いくら子どもがＳＯＳを発信しても、保護者の感性が鈍っていたら、その違和感に気づくことはできません。

感性とは、何かをみたり聞いたりした時に心に感じ取る力のことをいいます。とくに自分に余裕がなくなると、この感性は鈍ってしまいます。感性が鈍った状態では予兆を感じることができず、子どもが「学校に行きたくない」と言い出した瞬間に、「えっ?何かあったの」と驚いてしまうことになります。

子どもが発信しているＳＯＳを事前にキャッチできれば、問題を早めに解決できる可能性がありますし、仮に不登校になっても、その期間が短くてすむ可能性があります。そのためにも、鈍ってしまった感性をもう一度磨き直しましょう。

感性を磨くためには、心のゆとりが必要となります。最近は、夜、眠りにつく前に瞑想を行っている人がいますが、皆さんも隙間時間に取り入れてみることをお勧めします。朝でも夜でもかまいません。一日一回、自分と向き合う時間を意図的に作ることで、高ぶった感情をクールダウンでき、それによって今まで見過ごしていたことにもふと気づくことができます。時間は一～二分でかまいません。短い時間かもしれませんが、少しでも自分と向き合う時間を作ることが大切です。

心のゆとりのためには、ほかにふだんから音楽を聴く、自然と戯れるなども有効です。絵画や演劇など、本物や一流と呼ばれるものに触れるなどは、感性を研ぎ澄ますよい訓練となります。

不登校の兆候は、ほんのささいな変化かもしれません。しかし、子どもは必ず何らかのＳＯＳを発信していて、いきなり「学校に行きたくない」とは言わないものです。一番近くにいる家族が感性を磨くことにより、そのＳＯＳをいち早くキャッチしてあげてください。

4. 親子の対話を大切にする

対話と会話は似ているものですが、厳密にはそれぞれ意味合いが異なります。会話とは普段の何気ないやりとりをいい、対話とは相手との対等なコミュニケーションのことを指します。対等なコミュニケーションですから、相手がわかっていない言葉を並べてしまっては対話になりません。

対話が成り立つためには、①知識、②率直、③善意の三つがそろうことが条件となります。

たとえば、休日に訪れた先で、露天風呂に入ったとします。そのあと海外に行き、現地の人に「露天風呂って気持ちいいよね」と話しかけたらどうなるでしょう。

相手が露天風呂に入ったことがある人ならば共感してくれますが、入ったことがない人であれば、何を言っているのかわからないと思います。

相手が露天風呂に入ったことがなければ、相手と対等になるためには、露天風呂について詳しく説明する必要があります。子どもに対しても同じで、相手の知識レベルに合わせて話をかみ砕かないといけないのです。対話とは、自分の知識を相手に与えることでもあります。

率直とは、自分の本音を隠すことなく伝え、相手の思いをありのままに受け止めることをいいます。特にこちら側が相手の思いをいかに受け止められるかが重要となります。

たとえば、子どもが「なんとなく学校に行きたくないんだよね」と言っているのに、どうにかして理由を聞き出そうとするのは、率直ではなく強引です。

「何があったの？」「なぜ」と自分の思いをぶつけるのは一方通行であり、率直とはいえません。ですから、子どもが理由を話したがらないのであれば、こちらとしては「そうなんだ。行きたくない日もあるよね」と、一度、まずはそのまま受け止めてあげることが大切です。

子どもに何かを伝えるときは、親がまず「ちゃんと伝わっているだろうか」「どうしたら伝わるだろうか」という意識をもつようにしましょう。

さて、善意のことをお伝えします。本当の善意は、押しつけや脅迫であってはいけません。相手の人格を認めて聞き遂げて、「私はこう思うよ」で、やめることです。ただし、相手が善意の判断ができないときは、叱らなくてはなりません。怒ってはいけません。そして、短く端的で、しかも強く、最近の言葉でいうならば〝刺さる〟ような感じ、これがポイントです。

ダイヤモンドの原石はダイヤモンドでしか磨けないとたとえられますが、混じりけのないダイヤモンドの善意でないと、相手の善意に届きません。よくなってほしいと思ったからと理由をつけても、伝わらないのであれば、軋轢となりわだかまりが残ってしまうのです。叱った後も、相互にスッキリしていれば、善意が響きあったといえます。ヒントとしては、半分は相手のことを認め、半分は認めてもらうという意識で臨むのも知恵ですよね。

5．メリハリをつけてみましょう

「私は、感情のままにこの言葉を使っていないだろうか」ということを自分自身に問いかけることがとても大事であることは先に述べました。怒っているときは感情的になりやすく、自分自身の怒りやイライラを子どもにぶつけてしまうことになります。それでは子どもを傷つけるだけで、何も解決しません。

しかし、子どもにダメなものはダメと伝えるのも、親の務めです。そうしたときは、怒るのではなく、叱るようにしたいですね。

叱るとは、「こういうことをしてはいけないんだ」「こういうときはこうするんだ」ということを、子どもの将来のことを思って教え諭すということです。「怒る」は自分中心の心から起きる現象ですから、この二つは別物であるといっても過言ではありません。

大人にとっては当たり前のことでも、子どもにとっては違います。そのため、子どもに伝わる叱り方で、社会のルールを一つずつ教えなければなりません。

子どもを叱るときの基本は、時間は短く簡潔にいうことです。それはいけないことだと躊躇なく伝えます。

たとえば、「約束の時間はもう過ぎていますよ」「そういう言い方は人を傷つける言い方です」などと、叱る理由を短くはっきり伝えましょう。

さらに、叱った後は長く引っ張らないことが大切です。グチグチと言い続けても、子どもは疲れて混乱してしまいます。言いたいことが山ほど出てくるかもしれませんが、ここはグッとこらえてみてください。複数のことを持ち出して長々と叱ると、子どもはどうして叱られているのかわからなくなるからです。

罪を憎んで人を憎まずという言葉があるように、叱るべきは子どものとった言動です。ときには、子どもが悪いことをしてしまうこともあるでしょう。しかし、その子どものすべてが悪いわけではありません。悪いことをした、そのことだけを叱ったらすぐに切り替えるのです。このようにしてメリハリをつけることが、叱ることの効果を高めるのです。

6. 自分が変わるということ

人は自分にとって身近な人であればあるほど、相手に期待してしまう傾向があります。そのため、子どもやパートナーが期待に応えてくれないと、イライラしてしまい、「なんでやってくれないの」「なんでこんなこともできないの」と相手を責めてしまいがちです。そうすると、言われた側は不満を感じて、「あなただって!」「うるさいなぁ」などと言い返してしまい、泥沼化してしまいます。

ご夫婦で頑張って、子どもの不登校に向き合い続けた経験のあるお父様から、次のようなお話をうかがったことがあります。

「妻はいつもニコニコして幸せそうですが、以前は不平不満ばかりでした。それがあるときピタッと止まりました。まったく不満を言わなくなりました。妻になぜかと尋ねましたら、『相手に求めるのではなく、自分が変わればいいんだと気づいたから』と答えたのです。そして、続けて『私（妻）が不満を言わなくなったとき、あなたも変わった。一番変わったのは、私ではなくあなたです。だから、すべては私（妻）が変わったからなんだと思ったんです』と言いました。それから妻の笑顔が爆発的に増えました。妻は、自分が変わると決めたことで、私にも影響を与えたのです」

いくら相手に期待しても、相手がそれに気づいていないこともあれば、期待に応えられるほどのレベルに達していないこともあります。翻って、皆さんも自信をもって「私は誰かの期待にすべて応えられている」といえるでしょうか。同じように、相手に対して自分の期待をすべて応えてもらおうと思うことは現実的ではありません。

つまり、相手に期待せずに済む方法は、自分が先に行ってしまうことです。それは、自分で行う自分に変わるということでもあります。

カウンセリングの世界では、「過去と他人を変えることはできない。しかし、自分と未来を変えることはできる」という命題があります。他人のせいにするのではなく、「自分に責任があるという〝自分に変わる〟」ことが大事なのです。

7．家族には愚痴を言ってもいいですよ

あなたはよい親、または完璧な親であろうとしていませんか？

実際にそのように思っている親は多く、子どもの前では自分の弱音や失敗を隠したがるものです。しかし、子どもの前でそのようなことをする必要はありません。

私は、子どもに親のダメな部分をどんどんみせるべきだと考えています。恥ずかしいと感じるかもしれませんが、むしろ「こんな嫌なことがあったよ」「こんな失敗をしたよ」などと、親の弱い部分もみせられる関係にした方がよいと思っています。

実際、私自身は家族に愚痴をいいます。「今日は職場でこんなことがあって……」と自分が嫌だと感じたことをよく話します。勘違いされがちですが、愚痴はいっ

てもかまいません。ふだんから気持ちを吐露できる関係を作っておかないと、子どもも嫌なことや不安なことを吐き出せなくなってしまいます。

だからといって、仕事の話であまりにも不快感を出してしまいますと、子どもが社会に対して嫌な印象を抱く可能性がありますので注意が必要です。愚痴をこぼしながらも、会話の中に、「こんな出会いもあったよ」「いい勉強になったよ」と、最後には前向きな言葉で締めくくってみてください。

愚痴を言うときの基本は、誠実になることです。

嘘をつかないで正直であれば、ぼやいたとしても誠実さは周囲に伝わります。ですから、「今日は疲れたなぁ。実は……」とブツブツ言っても、「そうなんだ。いつも頑張っているもんね」と自然と寄り添う言葉が返ってくるものです。あなたも、周囲の誠実な人が弱音を吐いたら、励ますような言葉をかけてやりたくなるのではないでしょうか。

家庭というのは本音で語れる場所であり、家族と生活することのささやかな幸せを実感できる場所でありたいものです。家庭を本音がいえなくなるような仮装社会にしてはいけないと思います。そのためにも、家族全員が気持ちを吐露できる場面を意図的に作るようにしたいですね。

8．子どもをありのまま受け止めましょう

子どもが不登校になった現実は、なかなかすぐには受け入れられないものです。それは、世の中に「学校に行くのは当たり前」という風潮があるからだと思います。その風潮は、当然ながら子ども自身も感じていると思います。

子どもの不登校に親は戸惑いますが、当事者である子どもは親以上に戸惑い、不安になっています。

ただでさえも不安で辛い思いをしているのに、親から「明日はちゃんと行きなさい」「学校には行った方がいいよ」などと言われたら、子どもたちは否定された気分になってしまいます。

みなさんは、「学校に行くのが当たり前」という風潮によって、「学校に行かないのはダメだ」と思い込んでいませんか？　そして、それがいつの間にか、「学校に行かない子どもはダメだ」にすり替わっていませんか？

不登校は、子どもに特別な問題があるために起こるのではなく、どの子どもにも起こりうることです。不登校になったからといって、その子はその子であることに変わりはありません。最近は、学校に行けなくなるような問題を抱えているだけで、その子自身がダメというわけではないという風潮に変わりつつあります。

夜空のお月さまを思い浮かべてみてください。お月さまは、いつも丸いわけではありません。どこかが欠けている状態がほとんどです。しかし、よく見てみると、暗い部分にも月の輪郭があることがわかります。光の当たり方によって月が欠けているようにみえているだけで、本当はいつも丸いのです。

そのことを知っていれば、「今日はいつもより欠けているなぁ」「今日はここが欠けているんだ」と思っても、本当の姿を見失わずに済みます。これは人にもいえることです。不登校になっていたとしても、それはその子どもの一部でしかありません。

仏教では、個々の当体を改めず、最高の個として成長するさまを「桜梅桃李」と呼びます。「桜梅桃李のそれぞれが美しい花を咲かせるように、他人と比べることなく自分自身を磨くことが大切だ」という教訓を含んだ言葉です。桜は桜、梅は梅でお互いに他の花を咲かせようと思ってもできません。それと同じように、人にも様々な個性があり、成長するスピードも人それぞれ異なります。みんな違っていいということです。

ですから、子どもをありのままに受け止めてあげてください。「あなたはそのままでいいんだよ」と受け止めてあげることで、子どもは認められていると感じ、自分を肯定できるようになるからです。

第二部

親がまず、自分自身に問いかけてみましょう

Ⅰ 自分自身に六つの問いかけをしてみましょう

日々の生活の中に、誰かを責める、誰かと比べるということが頻繁に起きています。もしかしたら、「自分がしっかりと子どもを見ていなかったから子どもが不登校になってしまった」「お隣のお子さんは勉強がよくできるのに、どうしてうちの子は不登校になってしまうのかしら?」などと思ったことはありませんか。

何事にも原因と結果があります。その原因を自分や他人に求めると、責めたり比べたりする習慣が身についてしまいます。人は嫌なことが起こると、誰かを、何かを悪者にすることで、責任を押し付けたくなるものです。しかし、そのようなことをしても何も解決しません。何も生まれてきません。

誰かを責めたり比べたりしそうになったときは、ぜひとも自分自身に問いかけをしてみることをお勧めします。それは、次の六つの問いかけです。

①私は焦っていないか
②私は怒っていないか
③私は疲れていないか
④私は慌てていないか
⑤私は過信していないか
⑥私は油断していないか

具体的にどのように使えばいいでしょうか。たとえば、何か発言をしなければならないときを想定しましょう。

「私は焦って、この言葉を言っていないだろうか」「私は、慌てて余裕のないまこの言葉を言っていないだろうか」「私は怒って感情のままに、この言葉を使っていないだろうか」「私は、自分にはできると過信して、この言葉を使っていないだろうか」「私は、疲れてこの言葉を使っていないだろうか」「私は、これくらいのことは大丈夫だと油断して、この言葉を使っていないだろうか」

このように、自分自身に一つずつ問いかけてみるのです。失敗するときには、必ずどれかにヒットしているはずです。

人はこれらの問いかけがうまくいっていない心理状態にあると、本来であれば冷静に判断できることが急にできなくなります。とくに、怒っているときは、頭に血が上り周囲が見えなくなりがちです。

ですから、怒りながら「こうしなさい！」と言っても、過信から「こうすべきだ！」と言っても、子どもにはまったく伝わりません。そうならないためにも、これら六つのことを自問自答しながら、ネガティブな感情を一度クールダウンさせることが大切になります。

これと同時に、「他の子に対しても同じように言うのか」と自分自身に問いかけてみるのもいいと思います。

自分の子どもには言えるけれど、他の子どもには言えない。それは、「自分の子どもだから」という色眼鏡でみているからです。こうした色眼鏡がある限り、子どもは「同じことをやっているのに、なんで自分だけが怒られるのか」と、不満を感じてしまいます。

要するに、子どもと向き合う前に、まずは自分自身と向き合うことが大切です。

心が乱れそうになったら、前述した六つのことを、自問自答してみてください。

Ⅱ　不登校に向き合うための前提として

1．不登校が悩みのすべてですか？

私はカウンセラーとして多くの悩める親のお話を聴かせていただいてきました。不登校の子どもに対するイメージや環境は、時代によって変わっているように感じています。

以前は、「学校に行くのは当たり前で、そうしないと社会に出ていくときに困る」などといった具合に、学校に行かないと、せめて高校ぐらいは卒業しないと、今後の人生にデメリットがあるという考え方が今よりもずっと多かったように思います。

そのため、当時カウンセリングに来る人の中にも「何とか学校に行く方法を教えてほしい」「復学させるために子どもを変えるかかわりかたを知りたい」という考え方が多かったように記憶しています。

現在は「学校は無理して行かなくてもいい」という声が以前より多くなり、「学校に行けなくてもこんな人生を歩んできた」「立ち直って社会で活躍している」という体験談がテレビ、動画、ＳＮＳ、書籍等でも増えています。この機会に、「不登校　有名人」「不登校　経営者」などで検索してみてください。多くの不登校経験をもつ方々がカミングアウトし、そのことを問題にしたり、生きる上での障壁にしたりすることなく、社会で活躍していることをご理解いただけると思います。

勉強や進学にしても、各自治体が設置する教育支援センター、フリースクール、不登校児専門の塾、オンラインで学べるサイトなど、本人が意欲を取り戻したときにきちんと学べる仕組みも以前と比べると数多くあります。高卒認定資格をとって、大学へ入学することも容易にできるようになりました。

そうはいっても、親の不安がなくなったわけではありません。とくに、親に心を閉ざしてしまった子どもに対しては、教育を受けさせる以前に、「子どもが何を考えているのかわからない」「コミュニケーションができない」という場合が多くあるのも実情です。

ですから、「学校に行かせたい」とカウンセリングに来られる人がいる一方で、それ以前の問題として「子どもがふさぎ込んでしまってどうしていいのかわからない」「どうやって接したらいいのかわからない」という「学校に行く・行かない」とは別の悩みを抱く人も多いです。

どの人にも共通していえることは、「親戚やママ友には言いづらい」「近所の目が気になってしまう」「うちの子が不登校になったのは、自分の育て方が悪かったから」と否定的な気持ちをもちながらお話しになっているということです。他者の目を気にして、自分を責め、思い込みにとらわれた状態になってしまっています。

まずは、親の気持ちを落ち着かせましょう。そのためには自分の目に映る子どもの状態・周りの人からの意見・子育て論・子どもの将来など、あらゆることに対して「いい」「悪い」と判断せず、ありのままを受け入れる気持ちになれることがとても大切なポイントになります。

このことを〝自己受容〟といいます。ありのままの自己を受け入れようとすることから自己受容と呼ばれています。自己受容では、自分の不安や悩みに対して無理に前向きになろうとしたりポジティブに考えようとしたりする必要はありません。もし、今の気持ちが不安だとすれば、ただ、「自分は今、不安な気持ちになっている」と気づくだけでもいいかもしれません。

見ていないように感じられても、実は子どもは親のことをよく見ています。どんなにいつも通り接しているつもりでも、不安な気持ちは子どもに伝わってしまいます。無理して明るく振舞うよりも、心から大丈夫といえるほうがよいと思います。親の心を落ち着かせることが、不登校解決の第一歩です。

2.「ありのままを受け入れること」が、不登校の子どもにとってどうして必要なのでしょうか？

ケースバイケースですから断言はできませんが、学校に行けない子どもの心の中は、不登校になっている現状や自分の存在を受け入れらなくなっていることが多いようです。

「行かなければならないと思っているのに、行くことができない自分はダメな存在だ」「そんな自分は好きになれないし、受け入れられない」といった葛藤でいっぱいになっています。それなのに親が「学校に行けないような子どもではいけない」「うちの子は、今後生きていけるかしら？」と疑問をもって接してしまうと、子どもの心はますます不安になり「自分には居場所がない」「こんな自分はダメだ」と感じるようになってしまいます。

もし、親が心に余裕をもって「学校に行かなくても勉強はできるし、社会にも出て行ける。だから一緒に将来について話し合ってみない？」と子どもに呼びかけることができて、子どもがそれに応えることができる関係ならば、親子にとって不登校はそれほど大きな問題にならなくなるかもしれません。

そのような関係を築くためにも、まず親の心を安定させて、親自身がありのままを受け入れられるようにすることを最優先にしてみましょう。

そして、親が自分のありのままを受け入れられるようになると、それと比例するかのように子どももありのままを受け入れられるようになってきます。

親が子どもを受け入れられるようになると、その影響から子どもも、自分自身を受け入れられるようになってきます。

つまり、自己受容ができるようになると、他者受容ができるようになり、他者受容ができるようになると、相手も自己受容を深めることができるようになってくるのです。

自己受容の基本は、「自分の気持ちや状態に気づくこと」と「その状態を良い・悪いで判断しないこと」です。

不登校は悪いことという前提で、自分自身をダメな親と責めたり、「誰にも顔向けできない」と後ろめたく思ったりする必要はまったくありません。私もカウンセラーとして多くの不登校・ひきこもりの子どもが改善・解決していったケースを見てきた経験からも、「うちの子どもが不登校なんてどうしたらいい？」と不安になったり、「何とか学校に行かせないと」と頑張りすぎなくてもいいのではないかな？ と考えています。

まずは「不登校」というものに対して「良い」とか「悪い」とか判断するのをやめてみませんか？ しかし、いきなり「自分の気持ちや状態に気づきましょう」「その状態を、良い・悪いで判断しないようにしましょう」と言っても、よくわからない人も多いかと思います。次の第三部「不登校解決のステップ」で自己受容の大切さを認識していただけたらと思います。

第三部

不登校解決までのステップ

不登校解決までのステップは、①スタート期、②本格期、③落ち着き期、④清算期、⑤回復期、の五つです。

① **スタート期**
学校に行けなくなったばかりの時期のことをいいます。子どもの心はとても不安定になっています。

② **本格期**
学校に行かないことが「当たり前」になっている時期です。子どもの心は少しずつ安定してくる一方で、「いつまでこの生活が続くのだろう」とまだまだ不安を感じていることが多い時期です。

③ **落ち着き期**
少しずつ、自分のやりたいことや今後の自分について考えられるようになってくる時期です。

④ **清算期**
今まで我慢してきたこと、不調に思っていたこと、自分自身の劣等感など、モヤモヤしていたことを清算しようとする時期です。

⑤ **回復期**
心も安定し、未来に向かって考えたり行動したりできる時期です

不登校解決までのステップに時間は関係ありませんし、子どもがステップ通りに進んでいくとは限りません。不登校の本格期が何歳くらいで終わるのか、何年で次のステップに進むのかということは誰にもわかりません。

ただ、親が自己受容を実践し、ありのままを受け入れ、子どもからの精神的自立ができれば、自然とステップを進めることができるのではないかと、私は考えています。どのステップも子どもの心の変化をわかりやすく言葉に変換して伝えているに過ぎません。親からの干渉がなくなることで、落ち着く場合もあれば、何年もトラウマのように自己否定を繰り返す子どももいます。ステップを一段飛び越える子どももいます。親からすると、「わが子には落ち着き期なんてなかった」と感じる場合もあるでしょう。ですから、次のステップに進むことがいいこと、いつまでも好き勝手にすることが悪いことと判断することはできません。

不登校の解決は、単に卒業することや復学することだけではないと思っています。不登校の解決のためには、子ども自身が自分の力で生きていけるようになることであり、その力を養っていくことだと考えています。もちろん、子ども自身が「学校に戻りたい」と考えたり、「進学したい」と望んでいたりするならば、精一杯応援はします。しかし、ルールに厳しい教育現場や校則の厳しい学校に合わないタイプの子どももいます。やりたいことをするのに、学校が必要でない場合や学校の勉強を望まない子どももいるでしょう。

そのようなケースにおいて、〝子どもが学校に行くこと〟を解決の定義として考えていると、子どもが親の望んだとおりにならない限り、どこまでいっても解決は起こりえないことになってしまいます。「学校に行くか行かないかは、どちらでもかまわない」とまではいいません。ただ、負のスパイラルに陥り、改善・解決に至らないのであれば、子ども自身が自分で生きていく力を養うことを第一義的課題にした方がよいのではないでしょうか。

●不登校のタイプを二つにわける
（不登校の子どもを理解するために）

不登校解決のステップに入る前に、不登校の子どもの理解を促すために、不登校になる子どものタイプを二つにわけてみることにしました。

自分の子どもを理解するときに、「みんなと仲良く同じように行動する子ども」か、「自分の気持ちや思いを大切にする子ども」かという、子どものタイプを知っておくことで、どんなことが自分の子どもに合っているのかを理解する手がかりになります。このことを知ることで、「私はこう考えていたけれど、子どもは違う考えをもっていた」と気づくことができるので、適切なかかわり方ができるようになります。

実は、不登校の親子でもめやすいのは、親と子どもで、もって生まれた気質のタイプが全く違う場合がたいへん多いのです。それぞれの主張を理解するだけでも、相手の主張や現状に対する受け入れやすさが大きく変わってきます。

まずは、親自身がどちらのタイプなのかを知ることも意味があることと思います。判断の仕方としては、普通のスタンスや、何かに取り組むときに「集団でいることが好きか」「個人でいることが好きか」ということで決まります。ただ、「基本的にはひとりが好きだけど、誰かと遊びに行きたいことがある」「みんなで協力して作業していきたいけれど、ひとりで作業するのもできなくはない」など、どちらの要素も兼ねている場合があります。

あくまでも、適切なかかわりを模索していく上での基準の一つですから、決めつけることなく、「うちの子どもはどちらかというと○○タイプかな」くらいの認識で大丈夫です。

以下には自分や子どもがどちらのタイプに属するか、簡単なチェック項目を挙げておきます。参考にしてください。

【子どもの様子をチェック】

１．みんなと仲良く同じように行動する子ども

・自己主張をしすぎない。
・わりと我慢強い。
・意見や話を素直に聞く。
・変わったことを求めず安定志向。
・どちらかというと目立つことを好まない。
・学校で大きな問題を起こしてこなかった。
・普通、人並み、人と同じであることを求めがち。
・慣例やルール、親の言うことを比較的素直に聞き入れる。

２．自分の気持ちや思いを大切にする子ども

・独自性に価値を見出す。
・こだわりが強く、好きなこと・苦手なことがはっきりしている。
・「自分は自分、人は人」と考える。
・我慢することが不得意。
・わりと自己主張が強い。
・我が道を行く傾向にある。
・慣例やルール、親の言うことに対し「納得いかない」と感じたときは反発する。
・大多数と違うものを好んだり、違う方向に向かうことが多い。

【親自身に当てはまるものをチェック】

1．みんなと仲良く同じように行動するタイプ。
・自分の子どもにも、ルールに厳しくしてしまうことがある。
・ルールや決まりを守る意識が高い。
・みんなで協力して取り組むことにやりがいを感じる。
・なるべくもめたり、輪を乱すようなことは避けたい。
・子どもに対しても、できればみんなの輪の中に入ってほしい。
・「誰かに迷惑をかけてはいけない」とひとりで頑張りがち。

2．自分の気持ちや思いを大切にするタイプ
・ルールや決まりは状況に応じて変えてもいいと思う。
・「これは私の仕事」「これはあなたの仕事」と割り切ることができる。
・我慢するくらいなら、自分の意見を述べる。
・「子どもには子どもの人生がある」と任せることが多い。
・ひとりで集中して作業を進めたい。
・子どもが集団行動ができなかったり、人と違う選択をしてもあまり気にならなかったりする。

1. みんなと仲良く同じように行動する子どもについて

(1) 特徴

みんなと仲良く同じように行動する子どもは、「みんなと仲良く、同じように行動する」ことを大切にしています。反抗したり輪を乱したり、勝手に飛び出したりすることがあまりないので、親や教師にとっては「手のかからないいい子」「もめ事を起こさないい子ども」といったようにみえることがほとんどでしょう。

心配なのは、「いい子」でいることに一生懸命になりすぎてしまう点です。「本当はクラスから遅れたくないのに、勉強や運動についていけない」「友だちと喧嘩をしてしまった」など、輪を乱すことや、教師に怒られることに敏感で、挫折をしたり落ち込んだりしたときなどは立ち直るまでに時間が必要な場合も多いです。

こういうタイプの子どもにとっては、学校など所属している集団が「世界のすべて」といっても過言ではありません。

こういうタイプの親には理解できるかと思いますが、「その世界で失敗やトラブルを起こすと集団に所属できなくなってしまう」「恥ずかしくて誰にも顔向けできない」という恐怖と背中合わせの心理をもっています。

（2）不登校になったら

みんなと仲良く同じように行動する子どもは、無意識に学校など所属している集団や周りに常に気を配り、エネルギーを使っています。そのエネルギーが切れたときに不登校に陥ってしまいます。「学校に行けない」ことに誰よりも悩んでいるのは、みんなと仲良く同じように行動するタイプの子ども自身です。「本当は学校に行きたい」「みんなとうまくやっていきたい」のに、できない自分を責めています。

気持ちを立て直した後は、人とのかかわりを求めて学校など元のレールに戻っていく傾向が強い一方で、休んだぶん、輪の中に戻るハードルが高くなってしまい、ひきこもりになるケースもあります。

解決への第一歩は、「誰だって失敗はする」「いつだってやり直せる」「学校以外にも世界はある」と子どもが心から思えることです。

（3）子どもの学習について

どちらのタイプにも共通しますが、スタート期から本格期くらいの間は心のバランスが乱れている状態にあり、「勉強をしよう」というエネルギーまではなかなか湧いてきません。

不登校のなり始めであれば、なおさら心配になってしまう気持ちもわかりますが、この時期は〝気持ちを立て直しエネルギーを蓄積する期間〟ととらえ、勉強のことはいったんおいておきましょう。

子どもの気持ちが安定してエネルギーが少しずつ溜まってくると、「そろそろ動き出したい」という気持ちが湧いてきます。しかし、同時にこれまで何もしなくてもいい生活に慣れきってしまっている場合には、「面倒くさいなぁ」「今さら戻れない」「もう我慢したくない」というネガティブな気持ちも頭をもたげてしまいます。

ネガティブな思いに引っ張られないためにも、過去の清算期あたりから責任やルールを意識させた関わり方をし、通常運転へ向けた慣らし運転を始めることがポイントになります。

責任と役割を意識した生活を実践し、生活リズムが整ってくる回復期になると、子どもは自ら「どうしよう」「学校に戻るにはどうしたらいいか」「今後のことを検討していきたい」と考えるようにもなってきます。

いきなり復学しても勉強や周囲にはついていけず、自信をなくしてしまうこともあります。本人に意欲があれば、保健室登校や図書館登校から始めたり、フリースクールや地域の図書室（自習室で勉強できるほか、自治体によっては不登校児を支援しているケースもあります）に通って勉強する感覚を取り戻すようにしたりしてもいいかもしれません。

いずれにしても、みんなと仲良く同じように行動する子どもの場合、回復後は復学したり、進学したり、別の学校に通い始めたりなど、集団や元のレールに戻ろうとする傾向が強いといえます。

中学三年の後半から不登校になり、高校へも進学しなかった子どももいます。その子どもは、一六歳半ばから予備校に通いだし、高卒認定試験を取得して現役生と同じタイミングで大学入学を果たしました。

また、ある子は「高校には行かない」と言ってアルバイトを始めましたが、半年ほど経ったときに「学校へ戻りたい」と思い直し、一年遅れで高校一年生に。今はもう大学を卒業し企業に勤め活躍しています。

(4) 社会とのかかわり

不登校の子どもにとって、勉強と同じくらい心配なことは、「社会に出てから人とかかわっていけるのか」ということかと思います。

結論から言わせていただくと、社会性についてはあまり心配にならなくてもいいかと思います。

そもそもこのタイプは、「自分は集団や組織の一員である」という役割を大事に考える傾向があるため、回復へ向かう段階で自ら居場所をみつけていくケースが多いからです。

親としては、子どもが「学校に戻りたいけどどうしたらいい？」「今後、どんな進路に向かったらいいか一緒に考えてほしい」「進学をしたいけれど、もう遅いかな」といった相談をしてきたときに、実現できる手立てを一緒に調べ、考えていけばいいかと思います。

むしろ、みんなと仲良く同じように行動するタイプの子どもで、意識する必要があるとすれば、ずるずるとひきこもりやニートのような方向にいかないようにすることです。

回復するにしたがってエネルギーが徐々に増えていくと、「また学校に戻りたい」「そろそろ戻らないと、本当にヤバイ」という考えが湧いてきます。そう思う一方で、「もう、もとには戻れないのではないか」「今さら学校へ戻っても、クラスのみんなに何を言われるか……」という不安も湧いてきます。不安が意欲を上回ると、復帰できなくなるケースも多いのです。

ですから、子どもが「もう一回やり直そう」「新しい道に進もう」と一念発起したときは、背中を押してあげることも時として有効かと思います。

子どもが何も言わないのに、親の方から「そろそろこんなことをはじめてみたら？」と提案してしまうと、子どもにとってはうっとうしく逆効果になりかねません。歩きだそうとした子どもの足を止めてしまうことも、子どもにとっては足枷となってしまいます。

事例を紹介します。この子は小学校四〜五年の二年間不登校でした。その間にお母さんは様々なカウンセリングを受けており、「子どものことを尊重して差し上げてください」「無理に学校に行かせようとしないで」というアドバイスをたびたび聞かされたようです。ある日、六年生になった彼女が『学校に行ってみようかな』と口にしました。しかし、母親は、カウンセリングでのアドバイスに従うつもりで「まだ行かなくていいんじゃない？」と言ったそうです。結果、彼女はそれ以降も学校へは行かず、中学二年生になったところで、私のところに相談に来ました。

そのときのことを母親は、「こちらから『学校に行け』と無理に仕向けなくても、子どもは立ち上がる力をもっているのですよね。『行きたい』という子どもの意欲を尊重していたら……」と口にされていました。

ひきこもりやニートの状態が長引くと、なかなか復帰が難しくなります。

子どもの自立の芽を摘まないためにも、責任やルールを意識させるかかわり方をしていきましょう。

子どもがエネルギーのない状態かある状態かにもよりますので、一概にはいえませんが、元気になって自分のことをできる状態なのに毎回部屋まで食事を運ぶなど、子どもにとって家が居心地の良すぎる場所になってしまうと動く理由がなくなっていきます。

できるだけ「自分のことは自分でさせるように心がける」「実社会へ出る練習のつもりで、家庭のルールを守らせるように意識する」ということを念頭に置いて、日常生活を送ることも大切なポイントかもしれません。

2. 自分の気持ちや思いを大切にする子どもについて

(1) 特徴

自分の気持ちや思いを大切にするタイプの子どもは、他者に合わせたり同じことをしたりすることよりも、「自分は何がしたいか、何ができるか」という自分の気持ちや思いを大切にしています。なかなか意見を曲げない場合も多いので、親からは〝わがまま〟や〝頑固〟にみえることが多いかもしれません。だからといって、「人に気を遣えない」「相手の立場で物事を考えられない」ということではなく、あくまで「自分は自分、人は人」と考えているだけであり、ルールや責任感ももち合わせたうえで、人ともきちんとコミュニケーションをとって生活しているケースがほとんどです。

自分に芯があり、人目よりも自分の興味や関心にしたがって即行動に移せるのは、個性であり魅力でもあります。そこを認めて、どう伸ばせるのか、親がまず自分とは違う人間である、ということを認識して理解を示すことが第一歩です。

(2) 不登校になったら

自分の気持ちや思いを大切にするタイプの子どもが不登校になる理由は、〝自由への規制〟である場合が多くみられます。意見をみいだせないことを押し付けられたり、自分のやりたいことに対して、教師やクラスメイトの理解が得られず物理的・精神的に孤独に陥ったりすると、「学校に行かなくても、やりたいようにやる」と登校を拒否することがあります。また、自分が生きたい理想と現実を比べては、その狭間で苦しんでエネルギーがなくなり学校へ行けなくなっている場合もあります。

ここで知っておきたいことは、「ひとりが好き」と「孤独」はまったく違うということです。自分を理解されないことは、誰にとっても苦しみになります。自分の気持ちや思いを大切にするタイプというと、「ひとりが好き」と思われるかもしれませんが、私自身がカウンセラーとして多くの人々をみてきた経験では、まったく関係がないように感じています。

みんなと仲良く同じように行動するタイプの子どもでも、ひとりでいる時間が多いほうが好きな人もいます。また、自分の気持ちや思いを大切にするタイプの子どもでも誰かと一緒にいる時間が多いほうが好きな人もいました。

親が自分の気持ちや思いを大切にするタイプの子どもの〝個〟をきちんと受け入れ、尊重したかかわり方ができると、気持ちを立て直した後は、〝やりたいこと〟、〝目指す姿〟に直結する道を歩みだせる場合も多いのです。

漫画や小説を書き始める、自分でビジネスを始める、あるいはユーチューバーのような動画配信を始める、自分の好きなことを主張し始めるなど、親からすると将来の役に立たないように思えることを始めたり、突拍子もない道を望んだりすることもあります。

復学したとしても「自分の夢や目標に関することが勉強できるから」「資格が必要だから」という理由で、そこに直結した学校を選ぶことが多いという印象です。

（3）子どもの学習について

「勉強しよう」という意欲が湧いてくるのは落ち着き期から回復期くらいになってからであることが多いです。

また、「勉強」というと、学校の勉強（教科）を思い浮かべる人が多いと思いますが、自分の気持ちや思いを大切にするタイプの子どもにとっても勉強は学校で終わるとは限りません。教科であっても得手不得手がはっきりしており、好きな科目しか勉強しないようなケースも多々あります。

逆に、興味のあることについては、自らすすんで調べたり情報を得たりという行動力があります。どちらにしても、親が「勉強しなさい」と言ってもなかなか思い通りにはなりませんし、かえって逆効果になりかねません。

しかし、そもそも学校で学ぶことだけが勉強ではないですよね。勉強には「①学問や技芸を学ぶこと、②物事に精を出すこと。努力すること、③経験を積むこと（小学館『大辞泉』より）」といった意味が記されています。

はじめは限られたことだけ学んでいたとしても、「さらに深く知りたい」「知らないといけない」という思いから、興味の対象が広がり、多彩な分野についてどんどん知識が深まっていく場合もあります。

うっすらとした知識しかなかった分野でも、ある経験をしたことでその知識や技能がしっかり定着することもあります。

もう一つ、〝親からみたら勉強でないことが多い〟というのも、自分の気持ちや思いを大切にするタイプの子どもの学習における特徴です。

ある大学生から聞いた話です。漫画の影響から中学生から高校生のときにはバイク関連の仕事に就きたいと考えていて、毎月バイクの雑誌を購読したり、整備書を購入したりなどして自分なりに勉強していたそうです。しかし、その学生さんの父親は、若いころバイクに乗り事故でひどい目にあったり、部下が下半身不随となってしまったり、まだ一〇代であった子をバイク事故で失った同僚がいたりなどの経緯から、「バイク＝危ない」というイメージをもっていて、まったく賛成してもらえなかったとのことでした。

その学生さんの父親は、単身赴任先で宿舎の前を毎週末になると暴走族のような人たちが走っていて眠れなかったことや、子どもが学校に行かずバイクに乗っていると親としても世間に顔向けできないという気持ちも大きく影響したようでした。

しかし、その大学生は父親の考えとは裏腹に、理解を示そうとしてくれない父親に対して怒りの感情をもち、どうにかお金を準備して一六歳で免許を取ったとのことでした。また、後には父親が最も嫌がっていた爆音のするバイクに乗った友人が家に来たりもしていたそうです。もちろん、現在では、父親に憤りも怒りの感情ももってはいませんが、相変わらずバイクが好きで、大型バイクを所有しているようでした。

いずれにしても、自分の気持ちや思いを大切にするタイプの子どもの場合、何かに興味をもつと自ら動きだすことが多いですし、学び方も柔軟で多様です。とくに現代では学校に通うだけでなく、オンラインで学んだり、その道の先輩に教えてもらったりするようなケースも多いようです。

まだ目指す方向が決められない子どもの場合でも、様々な人の生き様や経験談に触れることで、何かを学ぶきっかけになることが多いですね。ノンフィクションの本や映画やドラマなどにたくさん触れることで好奇心を広げていくことも、有効な方法の一つといえます。

そうしてみつけた道は、親からすると将来につながらないようにみえたり、ときには親自身の倫理感からは外れているように感じて、心から応援できないことも多いかもしれません。しかし、いったん受け入れて実現できる方法などを一緒に探っていくうちに、今まで知らなかった子どもの一面を知ることができたり、親自身の考え方が変わったりといったケースにも、私はたくさん出会ってきました。

（4）社会とのかかわり

みんなと仲良く同じように行動するタイプの子どもが、「エネルギー切れ」で不登校に陥る傾向があるのに対して、自分の気持ちや思いを大切にするタイプの子ども（とくに思春期から）は、「やりたいことがあるのにできない」という辛さが溜まることで不登校になるケースもあります。

また、自分の気持ちや思いを大切にするタイプの子どもは、みんなと仲良く同じように行動するタイプの子どもからみると、エネルギーに満ちているようにみえることも多いですね。

「自分の思う人生を歩みたい」「自己実現したい」という思いがありつつ、「親に認めてもらえない」という現実に苦しんできたケースが多いですね。そのため、親が自身を認めてくれたり、葛藤して悩んだ末に突き抜けたりすることによって目の前の壁が消えたときは、前に進んでいくことができます。

「自分のやりたいことが、自分の責任でできるようになった」という喜びや解放感が燃料となり、前に向かって走っていけます。

社会性についても、自分が進む上で必要と感じれば自発的にかかわっていけますし、「もっとこうしたい」と感じれば、その輪を広げていく行動も取ります。

親の立場からは「社会に出てやっていけるのか」と心配してしまうかもしれません。子どもが自らの意思で動き出したら、その不安な気持ちはしっかり受容し、子どもからの精神的な自立を意識しながら、あたたかく見守るのがいいと思います。

「これ」と決めたことに対しては、バイタリティをもって取り組むことが多いので、起業したり、組織に所属せずとも自身の腕一本で食べていったり、多様な経験を活かした多岐にわたる活動で生計を立てたり、というケースも多いようです。

私の知人の牧師さんは、かつては不登校で、その後は暴走族に属していました。

その後、セールスマンや美容師として成功したあとにキリスト教の牧師になり、今はカウンセラーと牧師の活動をされています。こうした方々の多くは、不登校であった過去を隠すようなことはしません。「不登校は自分にとって必要な時間だった」「あの時期があったから、今の自分がある」と前向きに振り返る人も多いです。

親自身がみんなと仲良く同じように行動するタイプだと、自分の気持ちや思いを大切にするタイプの子どもに対しては、「いつまで経っても心配が尽きない、手のかかる子ども」と感じてしまうかもしれません。これを始めたと思ったら今度はあちらに手を出し、「自立できた」といえるまでに長い時間がかかることもあるでしょう。

そんな姿をみていつまでも口出しししたり世話を焼いたり、先回りをしないためにも、回復期の後は、親子で物理的な距離を置くといった工夫をしてもいいかもしれませんね。

❶ スタート期

【スタート期とは】

「学校に行きたくない」と言われて、何日か休ませている間に、完全に学校に行けなくなってしまったときや、たまに保健室登校や別室登校をするものの、通常の授業を受けられない状態のときを、不登校のスタート期とします。

Ⅰ　スタート期とは

この時期は子どもの気持ちが不安定で、イライラしたり、ふさぎ込んだりしている場合が多いです。

おとなしい子どもでもイライラした口調で「うるさい！」「放っておいて！」など、親からみれば暴言ととられるような言葉を吐くことがあったり、物に当たったりすることもあるかもしれません。男の子の場合、壁を殴ったり、女の子でも物を投げたり、ノートを破いたりするケースもあります。爆発した感情や、今まで溜まったストレスをどこに、どうやってぶつけたらいいのかわからないのです。

あるいは、学校に行けないことに対する罪悪感・無力感などによる自己否定で頭がいっぱいになっている子どももいます。元気なようにみえても親から「そろそろ学校に行かないの？」と言われないか怯えながら過ごしていたり、自己否定の念から世間の目にびくびくしたりしていることもあります。

体の変化としては、朝起きれなくなったり、食欲が急に増えたり減ったりといったようなことがあらわれたりもします。この時期に無理やり起こしたり、食事をとらせようとしたりした結果、逆効果となってしまったケースもたくさんあります。また、気力も体力も残っているので、親からすれば暴言ととれるような言葉を吐くことがあったり、全力で反抗したりすることもあります。

◆みんなと仲良く、同じように行動する子どもの例

・ふだんよく話すタイプの子どもの場合、「学校へ戻らなければいけない理由」や「戻りたいけど戻れない」といった発言をする。

・回復し元気になってくると、学校へ戻りたいと発言をしたり、「不登校だったけれど進学したい」と言ったりする場合も多い。

・輪を乱したことや、悪い意味で目立ってしまった自分を責めているように見受けられる。

◆自分の気持ちや思いを大切にする子どもの例

・発言から、学校のルールに縛られることが耐えられなくなり、学校に行けなくなっていることが見受けられる。

・髪を染めたり、派手なファッションをしたり、見た目に変化があらわれやすい。

・「学校に行きたくない」「学校がしんどい」などと、わりとはっきりと意思表示をする。

Ⅱ　スタート期における親の対応

今まで休み休みでも学校に行っていた子どもが、「もう学校に行かない」「行かないんだから、毎日行くかどうか聞かないで」と言ってきたら、あるいはいきなり「うるさい！」「ほっといて！」とコミュニケーション自体を拒否してきたら、親としては驚いて、どうしたらいいのかわからなくなってしまう人が多いでしょう。

もしくは、「まだ初期段階だから話せばわかる」と理由を聞き出そうとしたり、学校に行かせようとしたり、あの手この手で子どもにアプローチしてしまう人もいるかと思います。

しかし、この時期のアプローチは受容的なもの以外は子どもにとって「うっとうしい」ものであり、「存在を否定されている」「苦しい気持ちをわかってもらえない」と感じられてしまうことがほとんどです。スタート期のかかわりで子どもを追い込んでしまいコミュニケーションが取れなくなったり、子どもの親に対する信頼の残高がなくなっていったりする場合も多いです。

この時期は、子どもの行動も不安定で、反応についても一人ひとり違います。もしも子どもから、学校に行きたくない理由や、これからこうしてほしいという要望を言ってきた場合は、子どもの話を最後まで聞いたうえで、親ができることは何なのか、子どもと一緒に話し合ってみましょう。

親ができることについて、正解・不正解はありません。ただ、親がしてあげたいことと、子どもが親にしてほしいこととが違うこともあるでしょう。この段階では、子どもが親にしてほしいことで、自分のできそうなことをしてみましょう。

また、勉強や責任ある行動はまだ考えなくてもいいかもしれません。子どもがどうしたいのかを優先していただきたいですね。

子どもが気持ちの整理をしたがっているようなら、心のモヤモヤを整理するために、次のような質問を子どもに投げかけて、一緒に考えたり、ひとりにしてメモ帳（スマホでもＯＫ）に書いてもらったりするのもいいでしょう。

①あなたは何に悩んでいるのですか
②自分を責めていませんか？
③「それでもいい」と無理に言い聞かせていませんか？
④現実と感情を分けられていますか？
⑤あなたにとってのゴールはどこにありますか？

これはどの段階であっても、子どもが自分の気持ちを整理したいと伝えてきたときには、勧めてみてください。

スタート期で、もしも何のコミュニケーションも取りたくなさそうにしていたら、今は見守りの段階です。どうしても伝えたいことがあれば、意識してアイメッセージで伝えるか、踏み込みすぎずあくまで提案をする程度にとどめてください。この場合において、それを聞き入れるか・聞き入れないかの選択は子どもが行うので、たとえ聞き入れられなくても、叱ったりショックを受けたりしないでください。

物に当たったり物を壊したりという行為があったら、親としては心配でしょう。しかし、物に当たる行為自体、思春期にはよくある行動でもあるので、度を越していない場合にはあまり心配しすぎなくてもいいのではないかと思います。

ただし、子どもが嫌そうにしていたら、無理にやらせる必要はありません。どうしても困る場合は否定するのではなく、「クッションを投げてください」「サンドバックを買ってあげるからそれにしてみない?」と提案してみてもいいかもしれません。「この範囲ならやってもいい」と提示することで、子どもの気が済むまで発散できることもありますし、理解を示されたことで親の愛や思いが伝わって関係が改善されたケースもあります。

そうはいっても、親への信頼の残高が貯まっていない限り、その提案を素直にきく子どもはほとんどいないでしょう。「そうせざるを得ない時期が過ぎればやめるだろう」「子どもだって自分で稼いで買ったものには、むやみやたらと壊すようなことはしない」とあまりにも度が過ぎていない場合には長い目で見ることも大切なポイントです。

NG行動としては次の三つです。

NG行動

①子どもを否定すること（学校に行かないことを叱るなど）。
②子どもを脅すこと（「ちゃんとした大人になれない」「今のままでは将来が危ない」「ダメな人間になる」など）。
③無理やりコミュニケーションをとろうとする（理由を聞き出そうとする）。

このような思いを抑えられなくなったら、次の自己受容を深めるワークにチャレンジしてみてください。

【ワーク！：自分をねぎらう】

自分に対するネガティブな感情を認識してみましょう。紙を１枚用意しましょう。次の例を参考にして、〝自己否定の声〟〝その結果の行動〟〝自分をねぎらう・慰める言葉〟を書き出しましょう。

《例》

① **自己否定の声**

・子どもが学校に行けないなんて、母親失格だ。

・ママ友や親せきなどに相談できない。

② **その結果の行動**

・無理やり学校に行かせようとしてしまう。

・人の目が気になりびくびくしてしまう。

③ **自分をねぎらう・慰める言葉**

・「そうだよね。子どもが学校に行けなかったらダメな親だと思っちゃうよね。でも、これまで子どもを愛して、大事に育ててきたじゃない。だからこそ、そんなふうに思っちゃうんだよね」

・「周りの人たちって、みんな悩みがなさそうで順風満帆そうに見えるものだよね。『私のことわかってもらえない』と思うと、なかなか堂々とはできないよね」

＊ポイント

このように自分のことを癒すことで、心の安全基地が強くなり、自分にエネルギーを与えられるようになります。そうすることで心が満たされていき、ありのままの自分を「いい」「悪い」の判断なしに、すとんと受け入れることができるようになります。

【ワーク２：自分の心の声を聴く】

ありのままを受け入れられない大きな原因は、イラショナル・ビリーフにあります。ビリーフとは、思い込み・信念・価値観など、その人ならではの考え方の癖のようなものです。

ビリーフには、ラショナル（合理的）、イラショナル（非合理的）の２種類があります。前向きな考え方をすることをラショナル・ビリーフ、後ろ向きの考え方をすることを、イラショナル・ビリーフといいます。

何かに挑戦しようというとき、ラショナル・ビリーフを持つ人は、「挑戦することで必ず何か得られるものがある」「失敗したらまた挑戦すればいい」と考えます。

これに対し、イラショナル・ビリーフを持つ人は、「挑戦しても成功することは難しいだろう」「失敗したら人に笑われそう」といった考え方をします。

人はビリーフを通じて出来事を解釈し、そうなるように行動し、実際にその通りの結果を生み出し、ますますそのビリーフを信じるという習性があります。

たとえば、子どもと話をしたい親が「まずは毎朝『おはよう』と挨拶だけはしよう」と決めたとします。ラショナル・ビリーフを持つ人は、子どもから挨拶が返ってこなかったとしても「今は挨拶する気分ではなかったかも」と楽観的にとらえ、毎日挨拶を続けていき、子どもから挨拶が返ってきたときに「挨拶できた」「コミュニケーションできるんだ」と信じることができます。

一方で、イラショナル・ビリーフを持つ人は「挨拶なんて返ってこないよ」と考え、実際に返ってこなかったときに「やっぱりね」と諦めて、「子どもと話なんてできない」とますます思い込むようになります。

子どもが自分の発言を笑っているときに、「何か面白かったんだな」と嬉しくなる人がいると、「バカにされた」と怒る人がいるのも、このビリーフがあるからです。もしかしたらあなたも、イラショナル・ビリーフにとらわれていませんか？

想像してみましょう。ここに、どんな願い事も叶えてくれる魔法のランプがあるとします。あなたはどんな人生を送りたいと願いますか？ 紙を一枚用意し、以下の例を参考にしながら思いつくままに書いてみましょう。

書きながら、「そうはいっても　叶うわけないよ」「しょせんは夢物語」などと思っていたとしたら、例を参考にしてそう思う理由を書いていきます。理由を書いたら、隣にそう思ってしまう自分をいたわる言葉を書き足しましょう。

《例》

※人生の夢

・子どもが元気を取り戻し、学校に通いだす。

・社会人になって数年でよきパートナーをみつけ、周りと支えあいながら生きていく。

・私たち夫婦は「不登校の時は大変だったよね」などと振り返りながら、二人で旅行などして穏やかな老後を過ごす。

＊夢が叶わないと思う理由

・不登校の出口がみえない。

・不登校になったくらいだから、社会人になってもつまずく出来事があったら立ち直れないかもしれない。

・老後をゆったりと過ごす金銭的なゆとりがない。

・子どもをめぐって夫婦仲がギスギスしている最中であり、このまま離婚するかもしれない。

＊自分をいたわる言葉

・「今は不安かもしれないけれど、この先どうなるかなんて誰にもわからないよ」

・不登校の経験が、逆に子どもを強くしてくれるかもしれない。

・子どもの問題が解決したら、あなたも前向きになって、バリバリ働きたいと思うかもしれない。そうしたら、お金も貯まるかも。

・今は夫婦げんかを避けるために、あまり話をしていないだけ。一度腹を割って話しあってみたら、いい方向に変わるかもしれない。

＊ポイント

今はイラショナル・ビリーフにとらわれた考え方になっているかもしれません。しかし、そのことに気づき、その状態を認め、自分自身に癒しを与えていくことで、イラショナル・ビリーフはゆるくなっていくものです。同時に自己受容も深まっていきます。やがて、イラショナル・ビリーフはラショナル・ビリーフへと変化していきます。

【ワーク3：心の器をつくる】

ありのままの自分を受け入れられるようになってくると、つまり自己受容が深まってくると、「こうあるべき」という自分を縛り付けていた観念が徐々に弱まってきます。すると、比例するかのように、自分を許し、認められるようになってくるので、現実がどうであれ気持ちが楽になり、幸福度も上がっていきます。

子どもに対しても、「こうしなさい」「ああしなさい」と言うことも徐々になくなり、子ども自身の気持ちも楽になっていくのです。

そのように自分を受け入れられるようになるには、心の中に器が必要です。次のワークを参考にして、心の器づくりのトレーニングをしてみましょう。

《心の器づくりのワーク》

① 心の中にネガティブな感情が沸いてきたら、その感情に押し流されないよう、いったんフタをするつもりで深呼吸をします。

② 気持ちが落ち着いたら、その感情を言葉で表現してみましょう。ポイントは全部出し切ること。紙に書きだすのがお勧めです。

③ ネガティブな感情やあなた自身に対するねぎらい・癒しの言葉を書いていきます。自分にエネルギーを与える言葉を選べるといいですね。

④ 癒しの言葉をかけることでネガティブな感情がゆるんできたのを感じたら、その状態をじっくり味わいます。

⑤ 味わいきったら、解放します。味わいきると、自然と心が解放されていく状態が感じられます。

＊ポイント

ワークを終えたとき、心が解放された状態や、こわばっていた心がゆるんできた状態を、しっかりと感じられたでしょうか。

感じられたあなたは「自分で自分の感情を処理できた」ということです。それこそが自己受容です。

苦しさや辛さは、日々あなたを襲ってくるかもしれません。そのたびにこのワークを繰り返しやりましょう。自身への否定的な感情から逃げることなく、しっかりと認識し、対応します。その繰り返しによって、心の器は大きくなり、自己受容は深められていきます。

一朝一夕にできるものではなく、時間がかかる作業かもしれません。しかし、繰り返すことでじっくり土台を築き上げていくことが大事です。そうすることで、自己受容はより深まり、簡単には揺らぐことのない心の器が出来上がっていくのです。

なんとかして子どもを元に戻したいと思うのは、親であるなら当然かもしれません。これまでわが子の幸せを願い、愛情を注いで育ててきたわけですから、そう思われるのはある意味当然のことです。

しかし今は、親が「この子は変わってしまった」と思えるくらい、子どもにとっては辛い時期でもあります。同時に、これから自立するために不可欠な時期でもあります。

思春期・反抗期の子どもは、不登校でなくとも強い否定のエネルギーを発揮することが多々あります。親や教師など大人から教えられてきたことが正しいのか、間違っているのか、自分の生き方に合うのか、合わないのかを自分の頭で考え始めるわけです。そして、この否定のエネルギーは、周りに与えられた教えの呪縛から抜け出せないのだと思います。

否定のエネルギーを発揮することによって、これまで教えられ信じ込んでいたことと距離を置けるようになると、自分の頭で「どのような人生を生きたいのか」

を考えることができるようになってきます。もがき葛藤する期間を経て、自分の生き方や考え方を確立していくわけです。

繰り返しになりますが、子どもの気持ちをすべて理解する必要はありません。同じように不登校を経験していなければ理解できないのも当然です。

親の立場としては、この期間こそが自己受容を深めるいいタイミングになるかと思います。

とくにこの時期は、あなた自身の現状や感情も、子どもが学校へ行けていない現実も良い・悪いという判断をすることなく、ただありのままを受け入れ、あたたかく見守るように心がけてみてください。

時間がかかってしまうことは当然のことです。これまでしてこなかったわけですから、すぐにできなくてもいいのです。先を急がず、ご自身の心を安定させることに努めていきましょう。

❷ 本格期

【不登校の本格期とは】

学校に行かないことが、子どもにとって当たり前の感覚になってきたときを不登校の本格期とします。親からすると「学校に行く・行かない」でもめることに疲れたり、学校とのやり取りが嫌になったりしてくる時期になるかもしれません。

Ⅰ 本格期とは

親から「学校に行ってほしい」「学校に行きなさい」という圧を感じなくなることで、子どもの心は徐々に安定していきます。そうはいっても、まだまだ親や学校に対して不信感を高めている場合も多いので注意してみる必要もあります。

この時期は、親にとって迷惑になるようなことをわざとして親を試したり、「○○してくれないと、××する」と親を脅すようなことを言ったりする子もいました。

とくに自分の気持ちや思いを大切にするタイプの子どもは、学校という制約がなくなったぶん、「こんなことをしてもいいのか？」「自分は受けいれてもらえるのか？」と、親が思いつかないような突拍子もない行動に出たりする傾向にあります。

このように親を試したり、脅かすような言葉を発したりすることが、必ずしもよくない兆候だとも限りません。怒りに任せて発しているケースもありますが、コミュニケーションをとろうとするアクションだというケースもあるからです。

すぐに「わかった。言うとおりにする」「ダメに決まっているでしょ」と二択で反応しなくてもいいと思います。

まずは、「そうなんだ」と受け止め、なぜそうしてほしいと思うのかを話してくれた場合には、話し終えるまで口を挟まずにすべて聞き切りましょう。

そうはいっても、まだこの状態では話してくれるケースは少ないです。その場合はいったん話を受け止め、話し終わったと感じたら、決して子どもの発言を否定することなく、「私はこう思うのだけれど」とアイメッセージで親としての考えを伝えてみてください。

脅しに屈するとか屈しないとかではなく、「親が自分の言うことに耳を傾けてくれた」という事実とその態度が子どもに伝わり、安心感や親を見直していくことにもつながります。

昼夜逆移転の生活になる、過食が続く、逆に何も食べられなくなるなど、睡眠や食事の生活スタイルがかなり乱れてくる子どもがでてくるのも、この時期の特徴のひとつでもあります。

一方、今までよりもおとなしくなって、ネガティブな言葉を発しなくなったり、親に反抗的な態度をとらなくなったりする子どももいますが、それが必ずしも心の安定につながっているとはいえない場合もあります。

「自分の気持ちを話したところでどうせ否定される」「わかってもらえない」という思いがどんどん強まり、「話しても仕方がない」という境地に達してしまっている可能性もあるからです。つまり、親への信頼の残高がどんどん減っていき、ゼロになってしまっている状況ともいえます。

とにかくこの時期は、どんな行動をするのか、どんな感情を抱いているのか、子どもによっても異なります。しかし、「今の自分を受け入れてもらいたい」「苦しい気持ちや葛藤を理解してほしい」という思いは、どんな子どもの心の根底にもあるものです。

◆みんなと仲良く、同じように行動する子どもの例

・学校に行かないことが当たり前になってきている。
・以前ほど親に暴言を吐くことがなくなった。

・現実から逃げるようにゲームやパソコン・スマホ、動画視聴などをずっとしている。
・学校へ行けていないことに罪悪感があるため、学校の話を嫌がる。

◆自分の気持ちや思いを大切にする子どもの例

・イライラしているように見受けられる。
・物に当たったり壊したりするなど、感情を高ぶらせている。
・ゲームやパソコン・スマホ、動画視聴、漫画、読書などをするにも本人なりの意思があり、意味を求めてしている。
・「〇〇してほしい」などと欲や願望を口にする。

II 本格期の親の対応

子どものことでモヤモヤしたり、復学させようとあれこれ働きかけていたりするようなら、いったん子どもから離れて、自分のための行動もしてみましょう。自分が楽しいと思えることや、リフレッシュできることをする時間もつくっていただきたいです。

なぜなら、そんな親の姿を見て、子どもが「自分も楽しんでいいんだ」「気分転換をしてもいいんだ」と思えるからです。それが次のステップ「落ち着き期」につながります。

「仕事が忙しい」「家事に追われている」「そのうえ、子どもが不登校」などと、気が休まらない保護者の方も多いと思います。だからこそ、〝子どものための時間〟を少しだけでもいいので〝自分のための時間〟に分けてあげてみてください。

この時期は「自分のことを認めてもらえない」「理解してもらえない」というも

どかしさから、言動がエスカレートする子どももいます。自分の気持ちや思いを大切にする子どもにありがちな感情の高ぶりや大音量でのゲームなども、そうした主張の一環でしょう。

もどかしさや悔しさだけでなく、「なんでわかってくれないんだ」という親への怒りが加わっていることも多いです。わざと窓を開けて、近所に聞こえるような音をだしたり、顔は合わせないのに床を強く踏みつけるなどしてドンドンと音を出したりすることもあります。「親は世間体や周りの目を気にする」と分かっているため、「親を困らせたい」という気持ちがあったり、「それだけ自分は苦しいのだ」と分かってほしいのです。

子どもは子どもなりに、今まで親の言いつけを守ってきていて、それなのにとても息苦しい状態に陥っています。もしかしたら、親も気づかないうちに押し付けてしまっていた親の価値観や考え方が負担となって積み重なっているのかもしれません。

親には自分のことを分かってもらえそうにないし、かといって親の言いなりにもなれない。「これ以上、どうしていいかわからない」「自分のやりたいことや望んでいることを理解されたい」という葛藤や悩みが、荒々しい言動につながってしまっている場合も多いです。

親としては、本格的に自己受容を実践し、さらに子どもからの精神的な自立が必要な時期にきているともいえます。

今まで「話せばわかる」「自分の働きかけで子どもは変わる」と信じていた親のなかには、子どもが学校に行かないことが当たり前になった今の段階で、「もうどうにもならない」と絶望する人もいらっしゃいます。「子どもは自分の思い通りにならない」と早く実感し、早く絶望すれば、そのぶん早く子どもに対する思いや託している理想像を手放せて、結果、結論も早まるからです。

絶望をした時こそ、先ほど紹介した「ありのままの自分を受け入れる三つのワーク」をやってみたり、自分のための時間で好きなことをしてみてください。そして、フラットな視点で子どもの成長に目を向けてみてください。

子どもが「学校に行きたくない」と主張したことも、現在の生活が乱れていることもすべて子どもの葛藤と成長のあらわれです。

もしもこのステップ、本格期の段階で部屋に食事を届けている場合には、それはやめてみるのもありかもしれません。お腹がすけばリビングに出てきて食事をとるかもしれませんし食事がなければインスタント食品などを自分で用意したりする場合もあります。こうして自分のことは自分でする習慣をもつことも、生きる力を養うことの一環となります。

見守ったり今までやってきたことをやめてみたりするのは、親にとってはとても勇気のいることでしょう。しかし、だからこそ感じることのできる子どもの成長がきっとあるかと思います。

決して、あなたの育て方が悪かったと言っているわけではありません。あなたはあなたなりに精一杯子育てをしてきましたし、お子さんのことを愛している、ということは紛れもない事実です。

また、同じ育て方をしてきたはずなのに、きょうだいであっても、みんなが不登校にはなっていないケースもよくあります。というより、きょうだいがみんな不登校になっているご家庭のほうが少ないです。もしかしたら、親子のタイプの相性の違いから、お子さんが苦しくなってしまう育て方や関わり方をしてしまった可能性はあります。しかし、それも悪気があったわけでも子どもを追い込もうとしていたわけでもありませんので、ご自身を責める必要はありません。ただ気がついて改善していけばいいのです。

あなたと子どもは親子であっても別の人間であり、別の考えをもって生きています。とくに、多くの場合は思春期ごろからそれがあらわれ始めます。あなた自身のありのままの姿を認めれば、受け入れると同時に子どものありのままの姿を認め、受け入れるように心がけてみてください。子どもを先導するのではなく、自立を後押しする時間が訪れているのだと思います。

❸ 落ち着き期

Ⅰ 落ち着きとは

【不登校の落ち着き期とは】

親に対して反抗することに疲れたり、親への信頼が回復してきたりすると、子どもは次第に落ち着いてきます。どのように落ち着いてくるのかは、子どものタイプにより異なるので、タイプ別に紹介します。

（1） みんなと仲良く、同じように行動する子ども

このタイプの子どもは、少しずつ物事を楽しむ余裕がでてきます。それまではゲームをしたり、スマホをみたり、好きなことをしているようにみえても、心の中は余裕のない状態でした。「また学校に行けと言われるのではないか」「学校に

行けない自分は悪い子だ」「いつまでこの状態が続くのだろう」という不安定な状態で、その苦しさから一日をなんとかやり過ごすための行動をしていた子どもも多いです。

この時期は「学校にいかなくても大丈夫」「今は楽しんでいいんだ」と、ある意味で子ども自身も現実を受け入れ自己受容ができてくるといえます。親の自己受容が、少しずつ子どもに伝わっているのかもしれません。だからといって、親が子どもに意見をするようになると「やっぱり自分は認められていない」「また始まった」と、自分も親も否定してしまう場合もあります。

◆みんなと仲良く、同じように行動する子どもの例

・動画を観たりゲームをしたりして、親からみれば部屋で楽しそうにしている。
・普通の話はできるようになってくるものの、学校へ行けてないことに罪悪感があるため、学校の話に関しては嫌がる。

・親には相変わらず面倒くさそうな対応をすることが多い。

（２）自分の気持ちや思いを大切にするタイプの子ども

このタイプの子どもは、本格期までの段階で親子関係などが変わらなかった場合、さらに元気がなくなり一気に静かになったようにみえることがあります（本格期までに関係を回復できた場合、落ち着き期を通らない場合もあります）。

それまでは、自分なりに「自分の存在をわかってほしい」「認めてほしい」という思いで主張してきたわけですが、何も変わらなかったことで「万策尽きた」と感じ、無力感に襲われてしまいます。

同時に、「自分はもっとできると思っていた」「この先もできないんじゃないか」といった自身に対する失望も加わり、落ち込んで元気が出なくなってしまう子どもも多いです。とくに、今まで我が道を歩いてきた、あるいは歩こうとしてきた子ども、自分の気持ちや思いを大切にする気持ちが強い子どもほど、強い敗北感や理想がかなわないという絶望感を味わってしまうようです。

ネガティブな状況でいっぱいのようにもみえますが、みんなと仲良く、同じように行動する子どもにとって大切なことに気づける時期でもあります。

スタート期、本格期で強い自己主張をした結果、学校には行かなくてもよくなったものの、親からの反応は〝見守り〟や〝親は親で自分の時間を楽しむ〟などの結果、自分自身ときちんと向き合うことができます。言い方を変えれば、〝向き合わざるを得なくなる〟とも表現できます。

そして、最終的には親からの干渉というマイナス要素がなくなっても、自分が「したい」と思うプラスにことについては、結局、親からの許可や金銭的な援助がないとできないことに気づいていくことも多いです。

「じゃ、そのなかでどうするのか？」と子ども自身が自分で考え、行動するステージまでいけば、子ども自身の親からの精神的な自立への大きな一歩となります。

◆自分の気持ちや思いを大切にするタイプの子どもの例

・以前に比べると、ずいぶん落ち着いている。
・動画を観たりゲームをしたりしているようだが、楽しんでいる様子ではない。
・葛藤したり苦しんだりしているように見受けられる。

Ⅱ 落ち着き期の親の対応

子どもが楽しんだり、落ち着いたりし始める時期なので、もし子どもが「○○したい」と言ってきたら、せっかくなので親も一緒に乗っかって、楽しむようにするのもいいと思います。

たとえば、「○○について興味がある」と言ってきたら、「○○について興味が出てきたんだね」と寄り添ったり、「いい参考書（塾や学校）がないか、一緒に調べてみようか？」と誘ってみたりしてもいいかもしれません。

「遠出して○○に行きたい」と言ってくるようでしたら、「私も行ってみたいから一緒に行ってもいい？」と聞いてみたり、「送り迎えはしてもいいかな？」と提案したり、「友だちに会いたい」と言うようであれば「どこに行くかだけでも教えてくれない？」「○時までの帰れないようなら連絡だけはしてね」と、過剰な詮索にならないように、「○○だけ」という最低限の行動を把握すればいいと思います。

「自分の気持ちに寄り添おうとしてくれた」と子どもが感じると、親への信頼の残高がぐっと上がります。

子どもの希望について、もし叶えられないことでも、はじめから「ダメ」と否定するのではなく、「何でそうしたいと思うの？」と理由を聞いてみたり、「お金がかかりそうで正直、今の経済力では難しそうなんだけれど、ほかの方法で叶えられないか一緒に考えてみよう」と、気持ちに寄り添う姿勢を見せてかかわるとよいかと思います。「寄り添ってくれた」「自分の気持ちを汲んでくれた」と感じるだけでも、たとえすべての希望が叶えられなかったとしても子どもは満足したり子どもを大切に思う親の気持ちが伝わっていきます。

子どもがいろいろなことに興味をもち始めたとはいえ、そこに親がかかわってきてほしいかどうかは子どもによって違います。しかし、〝あたたかく見守り〟つつ、子どもが意思や気持ちをあらわしてきた際には、それらを受け止め尊重することができれば親子関係も改善されていきますし、一緒に前進していくこともできるかと思います。

「食事の配膳や片づけを手伝ってほしいけれど、どう?」「朝起きたらお互いに『おはよう』くらいは挨拶できると嬉しいよ」などと気持ちを伝えたうえで、「嫌だ」と返ってきたり意思表示がなかったりする場合には、まだそれができる段階ではないと判断してもいいと思います。

落ち着き期、清算期で子どもに提案しつつ、回復期で、お互いこれからのことまで話せるようになったら、「今後、自立していけるように自分ができることは自分でやれるようにしよう」「お母さんや父さんが仕事で疲れているときは助けてほしい」と、伝えられる範囲で子どもに伝えてもいいかと思います。また、親が子どもから精神的に自立できてくると過保護・過干渉がなくなっていくので、結果的に子どもは子どもで自分に必要だと感じることを、自然とせざるを得なくなっていきます。

この段階では、子どもも気持ちの余裕が出てきますので、焦らずここから新たに親子の関係を作り直していきましょう。

ご自身の気持ちがフラットで、子どもの機嫌がいいときに話しかけると伝わりやすいです。また、「挨拶以外の言葉を久しくかわしていない」という状態であっても、「そろそろ何か会話したほうがいいかしら」などと不安や義務感があるときには無理して話しかけなくてもいいかと思います。

不登校やひきこもりの子どもの感性は、親が思う以上に研ぎ澄まされています。「親が自分の機嫌を取ろうとしている」「探りを入れてきている」「ただの挨拶と思わせているが、すごく嫌味っぽい」などと保護者の方が自分でも気づかないことすらも見抜いたり、指摘したりしてくる場合も多いので、無理せず心の余裕があるとき、フラットな気分のときにお話ししてください。

わが子に対しても腫れ物に触るような扱いになってしまう親は大変多いです。何度も話そうとして失敗したり、そのせいで関係が悪くなったりした経験があると、そうなってしまうのも当然です。

ですから、話しかける際には、まず自己受容を実践し、なるべくご自身の気持ちが安定してフラットになっているときにしてみましょう

❹ 清算期

【不登校の清算期とは】

親が子どもを受け入れられるようになり、子どもの心が安定してくると、「なぜ、あのときは認められなかったんだ」「本当はこうしたかったのに」という過去と向き合う時期が訪れる場合が多いです。その際には親や周りの人、育った環境に対するネガティブな感情だけでなく、自分自身が抱いていた劣等感や自己否定についても考えたり向き合ったりするようになります。これが過去の清算期です。

Ⅰ　清算期とは

この時期は、自問自答して答えをみつける子どももいれば「どうしてあのときこうしてくれなかったんだ！」と親を問い詰める場合もあります。いじめにあっていて親にも言えなかった場合などには、この時期になってようやく親に打ち明ける場合もあります。

（1）みんなと仲良く、同じように行動する子どもの様子

みんなと仲良く、同じように行動する子どもは、「本当は自分もみんなと同じようにしたかった」「そのまま学校に通い進学するレールに乗っていたかった」と思うことが多いので、その事実を受け入れられないでいると、不登校という経験を傷のようにとらえがちです。大人になって社会に出ても、不登校だったことを隠したり、周りの人が修学旅行など学校行事の話をしているときに居心地の悪さを感じたりします。

その考えは、いくら親が「不登校は悪いことじゃない」と子どもに伝えてもなかなか解消されるものではありません。子ども自身が自分と向き合いその事実を受け入れて、過去との折り合いをつけていくことで解消されていきます。

◆みんなと仲良く、同じように行動するタイプの子どもの例

・表情に明るさがみられるようになり、自然な様子をみせるようになった。
・一見するとスタート期のように悩み苦しんでいるようにも見受けられる（自分と向き合っているため）
・比較的冷静に過去の苦しかったこと、傷ついた親の対応などを伝えてくることも多い。

（2）自分の気持ちや思いを大切にする子どもの様子

・落ち着き期でおとなしくなった自分の気持ちや思いを大切にするタイプの子どもは、この段階では再び自己主張をする場合も多いです。
・思いつくままに言葉にしたような要求や主張が増えてくるのは、落ち着き期までの段階で、「親が黙って見守ってくれた」という安心感によるところも大きいでしょう。

・今まで学校の決まりで納得がいかず我慢してきたことや、親に「ダメ」と言われてモヤモヤしてきた子どもにとって、再び主張をしたり、過去の怒りを訴えたりすることは、気持ちを整理するうえで大切な過程なのだと思います。もし、余裕があるときには、最後まで口を挟まずにしっかりと話を聴くように心がけましょう。

◆自分の気持ちや思いを大切にするタイプの子どもの例

・わかってもらえないことに対する怒りをあらわす場合も多い。
・再び親や周りに対して主張する。
・「あのときこうしてくれていたら」「なんであのときあんなことを言ったんだ」などと過去の憤り、感情を出す。

Ⅱ　清算期の親の対応

この時期は、親に対して現時点での文句や主張をぶつけるだけでなく、過去のことに対する怒りを蒸し返してくるケースがあります。

相談に来る親の中にも子どもが、「何度もサッカーをやめたいと言ったのにやめさせてくれなかった」「あの子と付き合うと不良になるから遊ぶなと言われた」などと、過去の怒りを何年も経ってからぶつけられて戸惑っている方々がたくさんいました。

「幼稚園のとき、今考えればまったく悪いことをしていなかったのに叱られた」と、親も覚えていないようなことを蒸し返し、謝罪を求めたケースもありました。

過去の怒りが出る理由は、「今の苦しみや不登校は、過去に受け入れられなかったことが関係している」と本人が思ったり感じたりしているからです。そうでも思わないとやっていられない心境になっている、ともいえます。

子どもがありのままの自分を受け入れるには、今まで否定されたり、いいなりになったりしてきた自分と向き合い、〝清算する〟という行為も必要になってきます。

子どもにとって〝過去を清算するために怒りを吐き出す行為〟は、親子関係が戻っている状態であれば「今話したからわかってもらえるかな」という思いがあってのことです。戻っていない場合でも「やっと怒りを出せた」と実感することで、大きな前進となることが多いです。

親にとっては「そんな昔のこと、今さら……」という思いもあるでしょう。「そんな小さなことで、そこまで怒る?」と不思議に思うかもしれませんし、「全然覚えていない……」と戸惑うかもしれません。

しかし、子どもから指摘されて素直に悪いと思った場合には「申し訳なかった」と正直に伝えてください。それが覚えてないことだったとしても仕方ないですし、悪気なく子どものためにしたという理由があったとしても、「悪かった」と思ったときに謝罪の気持ちを伝えるといいと思います。

批判的なことを言われたとしても、「子どもの本音を聞ける会話のチャンス」と考えるだけの余裕があれば、そのようにとらえてみてください。その余裕がない場合は、まずは自分の心を落ち着かせるように心がけましょう。

過去の清算とは、子どもも大人も関係なくなかなか難しいことです。心の整理ができず、思い出しては辛くなるような経験をしたことは誰にでもあるはずです。子どもの主張に対して、「じゃあ私はどうすればよかったの?」と言いたくなるのは当然ですし、そのように子どもに言ったことのある人もいることと思います。

もし、素直に謝罪する気持ちになれればその気持ちを伝えてもよいですし、その当時も今も、追い詰めてしまったとは思えない、どうしても認められないと思ったら、感情的にはならないように気を付けながら、そう思った理由をアイメッセージでコンパクトに伝えて、子どもの次の言葉を待ちましょう。

子どもと話し合いができることは前に進むことにつながりますが、過去の出来事についてあれこれ言い合ったり喧嘩になったりしてしまうと、話がこじれていく可能性があります。

過去は過去です。子どもの話を受けて、自分に改善できるところがあると思えば意識して直していけばいいです。もし、「もう取り返しがつかない」と思ってしまうことがあってもあなたに悪気があったり子どもを追い詰めようとしたりしていたわけでないので、自己受容されてください。

❺ 回復期

【不登校の回復期とは】
この時期になると、子どもは将来の希望や不安を親に話すようになります。

Ⅰ　回復期とは

子どもが将来の不安を話すときに、「学校に行かないといけないよね」と義務感に駆られて話しているように感じられたのなら、まだ回復期でない可能性もあります。ですから、もしも聞かれたら「どうしてそう思うの?」といった感じで聞いてみてください。回復期でない場合は「みんなそうしているし」「ちゃんとした大人になれないし」といった、周りを気にする答えが返ってくることが多いです。

回復期に差し掛かってくると、「高校や大学には進学したいから」「友だちとまた通いたいから」というような、将来やりたいことのビジョンについて話すようになります。ここでは、子どもが将来について話しかけてきたときに、どのようなコミュニケーションをとったらいいのかを一緒に考えてみましょう。

◆みんなと仲良く、同じように行動するタイプの子どもの例

・普段からよく話すなど、親への信頼の残高がある子どもの場合、「これからどうしよう」「学校どうしよう」など、前に進むための不安や悩みを打ち明けてくれる。
・普段からしゃべらないタイプでも、話しかければ反応が返ってくる。
・不登校になったことでレールから外れたと思い込み、「もう元に戻れないのでは」と悩み、どうにかならないかと模索し始める。

◆自分の気持ちや思いを大切にするタイプの子どもの例

・親への信頼の残高がある場合、将来の夢やなりたい大人の理想像を話すようになる。
・自分の理想に近づくために、どうしたらいいのかを考え始める。
・将来にかかわるような「これをやりたい」「こうなりたい」という主張をするようになる。

II 回復期の親の対応

子どもが「学校に戻りたい」と自分から言ってきた場合には、「そうなんだね」とまずは受け止めて、いつから行き始めるのか、どうしたら精神的に苦しくならずに行けるかを親子で考えるなどして背中を押してもいいと思います。

小学生の年齢の場合には、「もし途中でお腹が痛くなり、無理だと思ったら帰ってきていいからね」と伝えるなどして、いざというときの逃げ道を教えてあげると、子どもの安心感につながります。「勉強についていけるかな」と不安そうにするなら、一緒に予習してみてもいいでしょう。担任の教師に、登校する旨を伝えると同時に授業の範囲を聞いてみてください。

子どもが「違う学校に行きたい」と言った場合などにも、やはり「そうなんだね」とまずは受け止めて、そのうえでどういった学校に行きたいのかを聞いてみましょう。子どもによっては、自分でフリースクールや行きたい学校の情報を調べていることもあります。「とにかく違う学校がいい」「誰も自分を知らない学校なら行けると思う」といったように漠然とした内容であることも多いのですが、そういう場合には「じゃあ一緒に調べよう」と親子で探すのもいいと思います。

私立やフリースクールの場合は、金銭的な理由で難しいと考える方もいるとは思いますが、私立であれば支援金や貸付制度を活用できることもありますし、フリースクールでも地方自治体によっては補助金が出る場合もあります。まずは調べてみましょう。

子どもが「将来○○になりたい」と言った場合にも、まずは「そうなんだね」と受け止めます。そのうえで「どういう人が、どんな道でその仕事ができているのか調べてみよう」と一緒に調べたり、情報を探してみるといいと思います。子どもによってはユーチューバーやダンサー、芸能系の仕事などすぐには収入が得られないと予想される職業を夢としてもつこともあるでしょう。それらに対して親の先入観で「なれるわけないでしょ」「厳しい世界だよ」などとやる気を削ぐことは言わないように心がけましょう。

また、インターネットで検索すればわかると思いますが、今はとくに、それらの職業に就くためのスクールやオンライン講座などもたくさんある時代です。世代の違いから、そういった学校やサービスがあることも知らずに子どもの気持ちに水を差してしまうケースを今までたくさんみてきました。しかし、子どもと一緒に調べるということで、そういった先入観もなくなります。

子どもが「もう学校には行きたくない」と伝えてきた場合には、やはりまずは「そうなんだ」と受け止めます。そのうえで「じゃあ、そのあとのことも考えないとね。どうする？」と、その先の将来について話し合いましょう。

「学校をやめて、何かやりたいことはあるの？」「○○に興味があるなら、それを叶えるにはどうしたらいいか、一緒に調べよう」などと、子どもの話をしっかり聞いて、寄り添って一緒に未来に向かって進んでいけたらベストかと思います。

その結果、内職（パソコンでできる仕事）やアルバイトを始めたり就職したりするなどして社会活動をする子どももいました。先のことに思いを巡らす過程で考えを変えて学校に戻ったり、社会に出た後に高卒認定試験を取得して進学したりした子どももいて、進路は様々でした。

どんな希望が出て、どんな道に進むにしても、結局は「子どもを信じるしかない」と思います。信じるとは、子どもが親の願った通りに生きるようになるのではなく、子どもが子どもなりに自分の人生を生きていく力をもっているという意味です。

なぜならば、たとえ自分が産んだ子どもでも、あなたとは別人格だからです。また、子どもの人生には親は関係していますが、それと同時に、子どもの人生は子どものものであって親のものではありません。また、無意識に親が子どもの人生の責任をとろうとして過保護・過干渉になってしまうケースも多いです。実際に、親が子どもの人生に責任を取れないことは明らかです。

意志を貫いて自分の信じる道を歩き出した子どもが、失敗することもあるでしょう。しかし、そこから子どもは、ひじょうに多くのことを学びます。そうして、さらにたくましくなります。親の望むとおりに歩くことによりも、はるかに充実感を味わえる人生を歩むことになるでしょう。

自己受容し、他者受容し、子どもから精神的な自立を果たした後で、改めて子どもの姿をみてください。

堂々と前を向いて歩いている子どもの姿に、「私が願っていた人生とは違うけれど、この子にとってはこの道がよかったんだ」「いろいろあったけれど、この子にとっては今が一番楽しそう」「こういう人生もあることを、この子がいなかったら私は認めることができなかったかもしれない」。

そんな憧れにも似た誇らしい気持ちが湧いてくるのではないかと思います。

第四部

不登校に向き合うためのポイント

1. 子どもから精神的に自立するために

不登校の解決に向けては、「自己受容を深める」とともに、「子どもから精神的に自立をする」ことが大事です。

スイスの精神科医・心理学者であるカール・グスタフ・ユングの「母親殺し」という話を聞いたことがありますか？

ユングは人間が心理的に成長していくプロセスにおいて、一人前になるために克服しなければならないテーマを「母親殺し」という言い方で表現しました。もちろん、実際に殺すという意味ではありません。親と子が互いにひとりの自立した人間として認め、尊重できるようになることを自立と呼ぶのだとしたら、そうなっていくプロセスにおいて、子どもの側が心理的に親殺しをして、親を超えていく（親の考えを否定し、自分の考えで物事を進めていく）経験をすることが必要だというわけです。

もしも子どものことを思って、先回りをして行動してしまっているのであれば、一度子どもに任せて〝親を超える〟チャンスを作ってみてください。そのためには、親自身が「自分は自分、子どもは子ども」という境界線を引く必要があると思います。

子どもはいずれ、自分自身の力で生きていかなければなりません。だからこそ、子どもを一人前に自立させていくためには、親が子どもを〝精神的に手放す〟ことが必要なのです。

そうでないと、いつまで経っても親は子どもの問題を自身の問題として悩み、常に見守り、先回りして、子どもがつまずかないような行動をとり続けなくてはならなくなってしまいます。これでは子どもが自立することは難しいでしょう。

一体感が強い親子の場合、なかなか手放すことができないかもしれませんね。

そんな人にお勧めしていることは、紙に子どもの名前を書き、くしゃくしゃに丸めて捨てるという方法です。

「そんな子どもだましな……」と思われるかもしれませんが、意外と効果的ですから、試してみてください。

子どもを一度手放すと決めると、覚悟ができます。すると、考え方が今までとはガラッと変わっていきます。

子どもの問題が自身の問題ではなくなっていくので、いちいち悩まなくなりますし、子どもの言動に一喜一憂しなくなります。極端な話のようですが、悩み苦しんでいる不登校の問題でさえも、ご自身の中で問題ではなくなることも少なくありません。もちろん、「子どもがつまずかないために」という先回りした言動などもなくなっていきます。

子どもとしても、親が精神的に離れたことで自然と自立に向かいます。

はじめは「見放された」と感じる子どももいたりしますが、それでもやがて自立していきます。「自分で何とかしないと動かないんだ」という気持ちになっていくからです。

実際、今までカウンセリングをさせていただいてきた親の多くが、子どもから精神的な自立をすることでかわっていきました。

不登校などの問題も、親の中では問題でなくなっていくことと比例するかのように、目に見える形で解決していく場合も多かったですね。「親が子どもから精神的自立を心がけることなく解決したケースはゼロである」と言っても過言でないほど、とても大切なポイントとなります。

2. 親は自分自身のケアも大切に　ー親自身が人生を楽しむー

親は子どもにかかりきりになることなく、自分の時間をもってほしいと私は思っています。

とくに「自分のせいでこうなった」と考えてしまう親の場合、責任感が強いために、子どもをあたたかく見守ることができない傾向にあります。見守ることを「何もしない」、「ほったらかしにする」と感じてしまうからです。

「何とかしたい」という思いから、また、人から「子どものために何もしてないんじゃないか」と言われてしまうのが怖くて、あれこれ世話を焼いたり対策を講じたりすることが多いようです。

しかし、私自身のこれまでのカウンセリング経験から思うことは、こうしたことは逆効果になることがほとんどであるということです。

せっかく、子どもからの精神的な自立を果たすために、自身と子どもの問題を分けて考えようとしているのに、また元に戻ってしまいかねないからです。

子どものことに時間を費やすのではなく、皆さんはぜひ、自分の好きなことに没頭できる時間をもってほしいのです。

このように伝えると、子どもへの罪悪感や世間体から「できません」とおっしゃる人が大変多いです。

そのような場合には、とりあえず、〝気分転換〟の時間をもつことから始めてみるのはいかがでしょうか。お気に入りのカフェで、ゆっくりお茶を飲むのもいいでしょう。ひとりカラオケで歌いまくってもいいですよね。一日のうちのほんの一時間でも、子どものことを完全に頭から切り離す時間を意識してもってみるのです。もし、留守番が心配な年齢の子どもなら、パートナーや親戚、シッターさんなどに家にいてもらうなど、協力をお願いするのもいいかと思います。

自身のわずかな楽しみまで我慢してしまうと、エネルギーがどんどんなくなり、苦しさが増す一方になってしまいます。親のイライラや苦しみは子どもに伝わり、子どもにさらなる苦しみが植えつけられ、解決への道はより遠のいてしまいます。

そんな負のスパイラルに入り込まないためにも、ぜひ一度試してみてください。気持ちを切り替えたり自分の趣味に取り組んだりすることで、エネルギーがチャージされ、ストレスが減っていきます。気持ちが前向きになるので、自身の悩みも少しだけ軽く感じられるようになっていきます。

親が楽しんでいる姿を見て、はじめは「自分はこんなに苦しんでいるのに！」と腹を立てる子どももいるかもしれません。ある不登校の子どもも、「母親が韓流ドラマを観ている姿や友だちと笑いながら電話をしているところを見て、俺がこんなに苦しんでいるのになんだよ！」と思ったことがあると語っていました。

しかし、同じように子どもにイライラされることがあっても、大丈夫ですのでできる範囲で実践してみてください。はじめのうちは子どもに楽しんでいる姿を見せないようにするのも、方法の一つです。子どもも最初は否定的な態度を示していても、やがて落ち着いていく場合がほとんどです。

私がカウンセリングをさせていただいた子どものクライエントさんも、「最初はすごく嫌だったけど、だんだん『親も楽しんでいるんだから、自分も楽しんでいいんだ』と思えるようになった」と語っていました。

子どもの人生があなたの人生でないように、あなたの人生はあなたのものです。子どもの反応に一喜一憂したり子どもの顔色をうかがったりしすぎずに、「楽しむときは思い切って楽しもう」というメリハリをもつことも大事ではないかと思います。ぜひ、自分の人生を楽しんでください。

第五部

不登校の子どもに安心感を与えるために

1．不登校はこころの耐震補強工事中

不登校という言葉は、どうしてもマイナスのイメージが先行します。まずは、不登校という言葉を使わないようにしてみてはいかがでしょうか。「充電中」「お休み中」などでもかまいません。

誰かと話すときには、「うちの子どもが不登校になってしまって」と言いがちです。世間に広く浸透している言葉ですから、仕方がないことかもしれませんが、「不登校」と聞くと、人は学校に行けなくなった子どもに対してマイナスのイメージを抱いてしまいます。子ども本人も同じで、その言葉に触れるたびに「自分は不登校なんだ」という現実をつきつけられ、傷ついてしまいます。

他にも、「ひきこもっている」「勉強しない」といった言葉も、マイナス用語となるためNGです。たとえば親が「うちの子はひきこもって勉強もしないんです」と周りの人に言っていたら、子ども本人はたまったものではありません。ひきこもっていることも、勉強しないでいることも、本人は分かっているのです。また、話を聞いている側も「そうなんだ。大変だね」と口では言いながら、心の中ではやりきれない気持ちになっています。

言葉遣いは心遣い。言葉を選ぶときは、相手に対する配慮が必要だということです。相手の身になった言葉を使うことで印象が変わり、聞く側も受け取りやすくなります。

不登校の子どもは、様々な問題に無意識に気づいている子どもです。つまり、このまま学校に通い続けたら、この先自分がどうなってしまうか心配だ、だからここでしっかりとメンテナンスをしなければいけないことに気づいています。こころ耐震補強工事中であると私は考えています。つまり、この先の人生をしっかり自分の足で立って生きていくためのこころの補強工事をしている、これが不登校の本質だと思います。ですから、マイナスの用語は厳禁ということになりますよね。

2. とにかく褒めること

近年では、子どもを「褒めて育てる」ことが理想だとされています。みなさんの中にも、実践されている方がいるのではないでしょうか。とはいえ、いつも同じように褒めていればよいということではありません。

子どもを上手に褒めるには三つのポイントがあります。

一つ目は「子どもを直接褒める」、二つ目は「子どもを間接的に褒める」、三つ目が「途中を褒める」です。

「子どもを直接褒める」については、みなさんが思い描いているような褒め方でしょう。親が子どもに対して直接、「すごいね！」「たいしたもんだね」と伝えます。

「子どもを間接的に褒める」は、第三者を介する方法です。たとえば、「お友だちの○○ちゃんのママが、あなたのことを褒めていたよ」のように、「○○さんがこう言っていたよ」と、人から伝え聞く形で褒めます。また、第三者が子どもに対して「○○ちゃんのママは、いつもあなたのことを褒めているよ」と伝えるのも同じです。

直接褒められるよりも、自分の知らないところで誰かが褒めてくれていたと知ると、一層嬉しくなります。あなたも夫（妻）の同僚から、「ご主人（奥様）はいつもあなたのことを褒めていますよ」と言われたら、喜びが増すのではないでしょうか。

これは、誰かが褒めていたという事実を本人に伝えているだけで、発言する側の主観が入っていないからです。そのため、言葉の真実味が増し、直接言われると、「本当にそうなの？ リップサービス？」と少し疑ってしまうことも、間接的に聞くと素直に受け取りやすくなるのです。タイミングや状況によって、一つ目の直接褒める方法とうまく使い分けるといいでしょう。

「途中を褒める」は、結果だけでなく、そこに至るまでの過程や努力を誉める方法です。

結果を褒めることは多いのですが、途中経過を褒めることはあまりありません。たとえば、テストでよい点を取ったときは、「そんな点数をとれるなんてすごいね！」と結果だけを褒めて終わらせてしまうことがほとんどです。

しかし、結果ばかりに注目していると、うまくいったときばかり褒めるようになってしまいます。そうでないときには褒めようと思わなくなるため、子どもは「ちゃんとできたときにしか褒められないんだ」と認識しかねません。

よい結果であれ悪い結果であれ、その間に子どもたちなりに努力しています。ですから、結果に至るまでの努力やその姿勢、工夫した点などに注目し、そのうえで褒めてあげることが大切です。

以前、大学の教え子たちに、小学生のころのことを回想してもらったことがあります。そこで褒められたことと叱られたこと、どちらが多いかを聞いてみました。すると圧倒的に「叱られた」に手を挙げた学生のほうが多かったです。叱られたときの記憶が、とても強く印象に残っていたからでしょう。

そうなってしまうのは、親が本気で子どもを褒めていないからだと思われます。本気で褒めていないからこそ、子どもはしっかりと受け止められていないのです。

ですから、子どもが驚くくらい徹底的に、たとえば「常に一生懸命に取り組んでいたよね。私にはとてもできないことだよ。本当に立派だよ！」などと褒めてあげてください。そうすれば、子どもは自分の頑張りが認められたと感じることができ、自分を肯定する力、すなわち自己肯定感を育めるようになります。

3. 伝えたいと思う言葉は何度も繰り返す

子どもを褒めたり励ましたりするときには、言葉力が必要になります。

言葉力というものは、考えた内容を正確に伝える力のことです。やたらとたくさんの言葉を並べるだけでは、言葉力になりません。正確に子どもが理解してこその言葉力です。

言葉力を高めるためには、メッセージは短く、そして同じ言葉を繰り返すことが大切です。たとえば「あなたは、あなたのままでいいんだ」という言葉を、子どもに何度も伝えるのです。「ママはいつも同じことばかり言っているね」と、あきれられてもかまいません。伝わらないかもと不安になり、あれこれと言葉をつけ足すと、何を伝えたいのかが分からなくなってしまいます。

では、なぜ何度も繰り返す必要があるのでしょうか。

大きなコンクリートの壁を壊すことを想像してみてください。壁は全体を叩いてもなかなか壊れません。しかし、ドリルで一か所に穴をあけ、その近くの場所にもいくつか繰り返し穴をあけてから叩けば、壁は壊れます。最初は一か所に集中して穴をあけるのです。

同じように、一つの言葉を集中してかけ続けることで、子どもの心にすっと入りやすくなります。

過日、かつての教え子たちとの集まりがありました。「あなたはいつもニコニコしているね。とてもいいよ」とお声をかけたところ、「先生はそれしか言いませんでしたよね」と返されました。私の言ったことが子どもたちの心にしっかり残っていたということです。

何かうまいことを言おうとこねくり回してみても、焦点がぼやけるだけです。子どもの心に届けるために、シンプルな言葉に思いを込めて何度も言うようにしましょう。

4. 愛情は言葉で伝えましょう

近年では、お互いがお互いを大事にしているという気持ちを言葉にすることが少なくなっているように思います。とくに「愛」という言葉は、なかなか口に出さない人が多いのではないでしょうか。

ところが、欧米のドラマや映画を観ていると、愛しているという言葉以外に、キスをしたりハグをしたりして頻繁に愛情を伝えています。そうした光景を見ているだけで、とてもあたたかい雰囲気を感じるものです。

日本人は、なかなか同じようなことはできませんが、別の言葉でも愛情は伝えられます。たとえば「体に気を付けてね」「無理しないでね」という言葉です。

医者としていつも忙しくしている私の友人のご両親は、私の友人に「体は大丈夫?」「少しは休んでね」と言ってくれたそうです。その言葉は今でも心に残っており、やまびこのように聞こえてくると友人は言っています。こうした言葉は、やはりどんどん出すべきだと思います。思春期や反抗期で子どもが会話をしてくれないときでも、こちらから一方的に愛情を伝えることで、心に残り続けるのです。

ただし、子どもとの距離感に気を付ける必要があります。いつでも近づける距離感と、いつでも離れられる距離感を保つことが大切です。

たとえば苦しいときには、誰だって余計なことは言われたくないものです。ただ隣に座り、黙って話を聞いてくれていたらありがたいと感じます。そして、そっと寄り添いながら「よく頑張っているね」と、ひと言、言われるだけで、とても嬉しいのです。

子どもの状況によって適度な距離感を保ちつつ、愛情はしっかり伝える。家族だから言わなくてもわかるだろうとは思わず、積極的に言葉に出していきましょう。

5.「私はこう考えるよ」と伝えましょう

子どもの悩みを聞けるようになると、つい「こうしたほうがいい」とアドバイスしたくなるものです。しかし、やり過ぎは違和感を招きます。そもそも、単純に「○○したほうがいい」「○○するべきだ」と簡単に言えるものではないからです。

たとえば、子どもから「友だちと喧嘩をしてしまって、うまく仲直りができなくて悩んでいるの。ママはどうしたらいいと思う?」と相談を受けたとしましょう。そのときに「そうなのね。あなたから謝ったほうがいいよ」とアドバイスしたら、どことなく答えを押し付けているように聞こえるでしょう。これでは、子どもはなかなか納得できません。

しかも、親にアドバイスされれば「その通りにやらないといけない」と思うようになります。いつの間にか親の期待に応えようとし始めるため、どんどん自分を見失ってしまうのです。

その一方で、自分自身で「こうしてみる」と言えたときには力が湧いてきます。親がすべきことは、その手助けをすることです。

最初は、子どもの話を聞きながら「そうだったの。うまくいっていないのね」と、いったんは受け止めてあげましょう。ただし、このとき答えは出しません。その答えは、親であるあなたが正しいと思い込んでいることにすぎないからです。正しいと思っていることも、個人の都合や育ってきた環境で大きな差があるものです。現代の子どもと大人の感覚にも違いがあるため、お互いに「その考えは古いよね」「その感覚は理解できない」と感じてしまいます。

ですから、答えを出す代わりに、お互いの考えを半分ずつ出し合い認めることをゴールにしてみてください。「あなたの考えはわかった。でも、ママはこう考えるよ」と、伝える意識をもち子どもと共有します。次には、「私はこう思うけれど、あなたはどう思う?」と聞いたり、「確かにそうだよね。私はこう思うよ」と意見を述べ合うのです。そして、「どう受け止めるかは、あなた次第」と投げかけることで、子どもは自分でどうしたいのかを自問することができます。

主語が「あなた」になると、「べき論」や意見の押し付けになってしまうため、子どもは納得できません。しかし、主語を「私」にすれば、一つの意見を述べるだけになるので、子どもの自由選択の余地が残ります。

子どもの考えを引き出すためにも、主語を「あなた（子ども）」から「私（親）」に変えて、子どもに問いかけてみるように心がけてください。

おわりに

〝自立のともしび本〟でお子さんといっしょに自立の道を

不登校のお子さんがいらっしゃるご両親の方々は、さまざまな不安や心配を抱えて精神的にもかなり参っているのではないでしょうか。

「登校できても授業についていけないのではないか」

「学校でいじめにあって、登校ができないのではないか」

「このまま卒業まで学校に行けなかったらどうしよう」

「高校受験などできないのでは」

このようなことは周りになかなか相談できず、一人で悩まれている方も多くいるのではないかと思います。

本書の著者である東京家政大学の杉山雅宏先生は、これらの悩みに対して、親の関わりかたの重要性と対処すべき方策を、多くの方々へのカウンセリングや研究の事例などを通じて具体的に示唆しています。

本書では、とくに不登校の子どもたちを、「こころの耐震補強工事中」であるととらえ、親の子どもに対する自立を促す前向きの姿勢がいかに大切かを具体的事例で示しています。

考えてみますと、お子さんは、「画一的な義務教育の枠にはまらない」、「イジメにあっている」などに対する自己防衛本能から、親を心配させたくないが、やむなく登校拒否をしていることが多いように思われます。また、「なぜ登校しないのか」という世間や親、親戚などからの様々なプレッシャーが、お子さんにかかっていている可能性があります。

ですから、頭ごなしの一方的な言い方で、子どもを非難するのではなく、杉山先生が本書で再三指摘しているように、「親のこころを安定させて、ありのままに受け入れられるようにする『自己受容』を最優先にしていくこと」がとても大切ではないかと思われます。

お互いに別人格であることを認め合って、自立志向で対処していくことが、こころの耐震補強工事中の子どもを再生させる近道ではないかと思われます。そのことの実践によって、将来は世の中を救う人材に育っていくことにつながっていく可能性もあります。

お子さんが〝推し〟の人物に育っていくための手助けとして、本書を参考にしていただけましたら幸いです。

社団法人「子供支援機構みらいラボ」代表理事　遠藤正博

◎著者プロフィール

杉山雅宏（すぎやま　まさひろ）

東京家政大学人文学部心理カウンセリング学科教授
博士（心理学）、スクールカウンセラー（東京都・横浜市等）、東京都荒川区役所職員相談室カウンセラー等を歴任。
公認心理師・臨床心理士・社会福祉士
学校心理士スーパーバイザー・精神保健福祉士
シニア産業カウンセラー

著書に「STOP 高校中退」

　　　「自分心を鍛えよう」

　　　「現代こころ病考」

　　　「ほっと心標」などがある。

自立のともしび本
こころ耐震補強工事中！

2024年4月20日　初版　第1刷発行

著者　杉山　雅宏
発行人　遠藤　正博
発 行　悠々舎出版　yuyusya.pub
〒108-0074 東京都港区高輪 1-2-1
TEL 03-3441-3585
発売　そらの子出版　soranoko.co.jp
TEL 050-3578-6299

イラスト　宮本　愛可
印刷　(有) ケイ・ツー社

ISBN 978-4-911255-10-0　C0037